그림책 급수한자 7급

제**1**부 인간	/ 001
제**2**부 자연	/ 047
제**3**부 생활	/ 073
부록 – 쓰기연습	/ 109

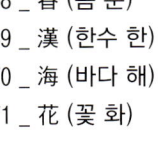

1 인간

003 _ 歌 (노래 가)
004 _ 口 (입 구)
005 _ 記 (기록할 기)
006 _ 道 (길 도)
007 _ 同 (한가지 동)
008 _ 登 (오를 등)
009 _ 老 (늙을 로)
010 _ 立 (설 립)
011 _ 每 (매양 매)
012 _ 面 (얼굴 면)
013 _ 命 (목숨 명)
014 _ 名 (이름 명)
015 _ 文 (무늬 문)
016 _ 百 (일백 백)
017 _ 父 (지아비 부)
018 _ 事 (일 사)
019 _ 色 (빛 색)
020 _ 姓 (성 성)
021 _ 數 (셀 수)
022 _ 手 (손 수)
023 _ 心 (마음 심)

024 _ 語 (말씀 어)
025 _ 右 (오른 우)
026 _ 有 (있을 유)
027 _ 育 (기를 육)
028 _ 邑 (고을 읍)
029 _ 入 (들 입)
030 _ 自 (스스로 자)
031 _ 子 (아들 자)
032 _ 前 (앞 전)
033 _ 足 (발 족)
034 _ 左 (왼 좌)
035 _ 住 (살 주)
036 _ 直 (곧을 직)
037 _ 千 (일천 천)
038 _ 天 (하늘 천)
039 _ 便 (편할 편)
040 _ 夏 (여름 하)
041 _ 話 (말할 화)
042 _ 活 (살 활)
043 _ 孝 (효도 효)
044 _ 後 (뒤 후)
045 _ 休 (쉴 휴)

2 자연

049 _ 江 (강 강)
050 _ 氣 (기운 기)
051 _ 農 (농사 농)
052 _ 洞 (골 동)
053 _ 來 (돌아올 래)
054 _ 林 (수풀 림)
055 _ 物 (만물 물)
056 _ 不 (아닐 불/부)
057 _ 夕 (저녁 석)
058 _ 時 (때 시)
059 _ 植 (심을 식)
060 _ 然 (그럴 연)
061 _ 場 (마당 장)
062 _ 電 (번개 전)
063 _ 地 (땅 지)
064 _ 川 (내 천)
065 _ 草 (풀 초)
066 _ 村 (마을 촌)
067 _ 秋 (가을 추)

068 _ 春 (봄 춘)
069 _ 漢 (한수 한)
070 _ 海 (바다 해)
071 _ 花 (꽃 화)

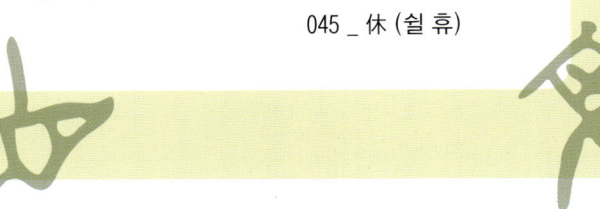

3 생활

075 _ 家 (집 가)
076 _ 間 (사이 간)
077 _ 車 (수레 거/차)
078 _ 空 (빌 공)
079 _ 工 (장인 공)
080 _ 旗 (기 기)
081 _ 男 (사내 남)
082 _ 內 (안 내)
083 _ 答 (대답할 답)
084 _ 冬 (겨울 동)
085 _ 動 (움직일 동)
086 _ 力 (힘 력)
087 _ 里 (마을 리)
088 _ 問 (물을 문)
089 _ 方 (모 방)
090 _ 算 (셀 산)
091 _ 上 (위 상)
092 _ 世 (대세 세)
093 _ 所 (바 소)
094 _ 少 (적을 소)
095 _ 市 (저자 시)
096 _ 食 (밥 식)
097 _ 安 (편안할 안)
098 _ 午 (일곱째 지지 오)
099 _ 字 (글자 자)
100 _ 全 (완전할 전)
101 _ 正 (바를 정)
102 _ 祖 (조상 조)
103 _ 主 (주인 주)
104 _ 重 (무거울 중)
105 _ 紙 (종이 지)
106 _ 出 (날 출)
107 _ 平 (평평할 평)
108 _ 下 (아래 하)

이 책의 구성

이 책은 어원을 통해 한자를 이해하도록 하였으며, 이왕 배운 한자를 한자능력검정시험에도 그 능력을 펼칠 수 있게 7급 시험에 출제되는 한자들로 엮어 아래와 같은 순서로 구성하였습니다.

1. 현대 한자
2. 육서의 종류: 상형, 지사, 회의, 형성, 전주, 가차
3. 총 획수
4. 부수
5. 뜻과 독음
6. 한자에 대한 설명
7. 갑골문, 금문, 설문소전
8. 활용한자
9. 필획순서
　.....................
10. 부록1―쓰기연습
11. 부록2―한자카드

이 책의 제일 마지막 부분에는 부록으로 한자쓰기연습장을 따로 마련해두었습니다. 크게 두 부분으로 나누어, 윗부분은 현대한자, 아랫부분은 그 어원에 해당되는 갑골문·금문·설문소전을 쓰도록 하였습니다. 갑골문등을 쓸 때 한자의 내용을 제대로 이해하고 있다면 그렇게 어렵지 않게 쓸 수 있을 거예요. 그리고 책과는 별개로 한자카드를 따로 만들어, 한 면에는 현대한자와 그에 대한 해석, 다른 한 면에는 그 어원에 해당되는 갑골문·금문·설문소전과 그림을 그려 넣었어요. 본문의 내용을 다 이해하고 나서, 한자카드를 가지고 다시 한 번 더 해당 한자를 확인해보도록 하였습니다.

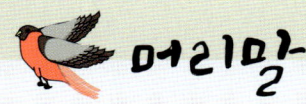# 머리말

   1899년에 갑골문이 발견되고 나서 벌써 121년이 흘렀습니다. 갑골문이 발견되었다함은 바로 한자의 어원을 알 수 있다는 것을 의미합니다. 그간 한자의 어원을 제대로 이해하지 못해, 한자를 엉뚱하게 해석한 경우가 허다하였습니다. 그러나 다행히 갑골문의 발견으로 인해, 그러한 잘못된 해석은 사라져가고 있는 추세라 할 수 있습니다. 물론 현재 발견된 갑골문이 모두 해독된 것은 아니라서 여전히 의견이 분분한 한자도 많이 존재합니다. 그렇지만 분명한 점은 한자문화권에 속하고, 한자어를 사용하고 있는 한국인에게 그전의 한자 학습과는 비교도 안 되게 쉽게 한자를 이해할 수 있게 되었다는 것입니다.

   수업 중에 한자를 써야 할 때 가끔 그 형상이 바로 떠오르지 않을 때가 있습니다. 그럼, 갑골문에 근거하여 스토리텔링 하듯 한자를 쓸 때가 있습니다. 예를 들어볼까요? 재앙을 뜻하는 災, 灾, 烖는 너무나 쉬운 한자들이지만, 갑골문을 모르는 학생들에겐 뜻은 같지만 각각의 형체를 지닌, 그래서 무조건 외워야만 하는 것일 수 있습니다. 그렇지만 갑골문을 안다면 혹은 기초자의 의미를 안다면, 이 한자들은 그 당시의 문화를 알 수 있음과 동시에 너무도 생생하게 와 닿는 사실적인 그림으로 인식될 수 있습니다.

   災(재앙 재)는 갑골문에서 〰라고 써, 먼 옛날 홍수로 인한 재앙을 나타내었습니다. 거기에다 아랫부분에 불을 뜻하는 火(불 화)를 더해 가뭄에 의한 재앙도 같이 나타낸 것이랍니다. 참 재미있지 않나요? 현대의 우리에게도 홍수나 가뭄은 쉬이 견딜 수 있는 재앙이 아니지요. 그러니 갑골문의 시대에서는 더더욱 공포스런 자연현상이었을 것입니다. 여기에다 집 안에 난 불도 재앙에 속하는 것입니다. 그것이 바로 灾입니다. 宀(집 면)은 갑골문에 ⌂이라고 써, 고대 가옥의 형상을 본뜬 상형자로, 그 당시 집의 모습을 알 수 있는 기초자입니다. 이와 같은 집에 불이 들어가 있어요. 갑골문에는 ⌂라고 표현되어 있습니다. 현재의 집 화재와 완전히 동일한 모습이잖아요. 3천 년 전의 가옥 화재와 21세기의 가옥 화재가 같은 모습이라고 상상해보세요. 3천 년의 세월이 무색하게 느껴질 정도랍니다. 마지막의 烖는 바로 전쟁으로 인한 재앙을 의미합니다. 이는 戈(다칠 재)와 火(불 화)로 구성되어 있습니다. 이전의 전쟁은 바로 무기를 통한 실제 전투를 말합니다.

고대에 무기를 대표하는 한자를 말하라고 하면 바로 戈(창 과)를 예로 들 수 있을 것입니다. 그러므로 전쟁으로 인한 재앙에는 창으로 대표되는 무기, 침략을 한 이후에 가옥을 불사르는 불이 대표적으로 들어가 있습니다. 머릿속으로 쉽게 전쟁의 형상이 그려지지 않나요? 이처럼 외우는 한자가 아닌 연상을 통한 한자, 그림으로 보는 한자를 이 책에서는 보여주고자 합니다.

  한자의 어원을 제대로 이해할 수 있다면, 한자를 보고 그 뜻을 설명하는 데에 크게 어려움을 느끼지 않을 것입니다. 이처럼 어원을 통한 한자 배우기는 한자어가 70%이상을 차지하고 있는 한국에서 선택이 아니라 필수라고 할 수 있습니다.

  21세기를 살아가고 있는 현대인들이 고대의 습속을 알기란 쉽지 않습니다. 그렇지만 한자는 그 어려움을 손쉽게 해결합니다. 갑골문은 3천년 이전에 사용된 문자이기에, 그 당시의 문화도 같이 엿볼 수 있다는 점에 아주 큰 매력을 지니고 있습니다. 게다가 지구상에 3천년 이전의 문자를, 조금의 학습을 통해 읽고 이해할 수 있는 건 한자밖에 없을 것입니다. 이 얼마나 짜릿한 경험입니까? 여러분들은 영화에서 고대 이집트의 문자를 전문가들이 읽어내고 그로 인해 모험을 하는 장면을 많이 봤을 것입니다. 그들의 문자를 읽어낼 수 있는 건 오랫동안 연구한 전문가들입니다. 일반 사람들은 감히 접근할 수 없는 문자들이란 말입니다. 그런데 한자는 어떤가요? 여러분들이 전문가가 아니라 할지라도 갑골문을 통해 한자를 배웠다면 일정 정도는 해독이 가능해요. 표의문자라는 한자의 특성이 없었다면 3천년 이전의 문화와 문자를 어찌 제대로 이해할 수 있을까요?

  고대와 현대를 관통하고 있는 문자, 그것이 바로 한자입니다. 이제 쉽게 그림으로 이해해보는 건 어떨까요? 그럼, 지금부터 매력적인 한자로 세계로 빠져들 준비가 되었나요?

2021년 8월
김화영 씀

1부 인간

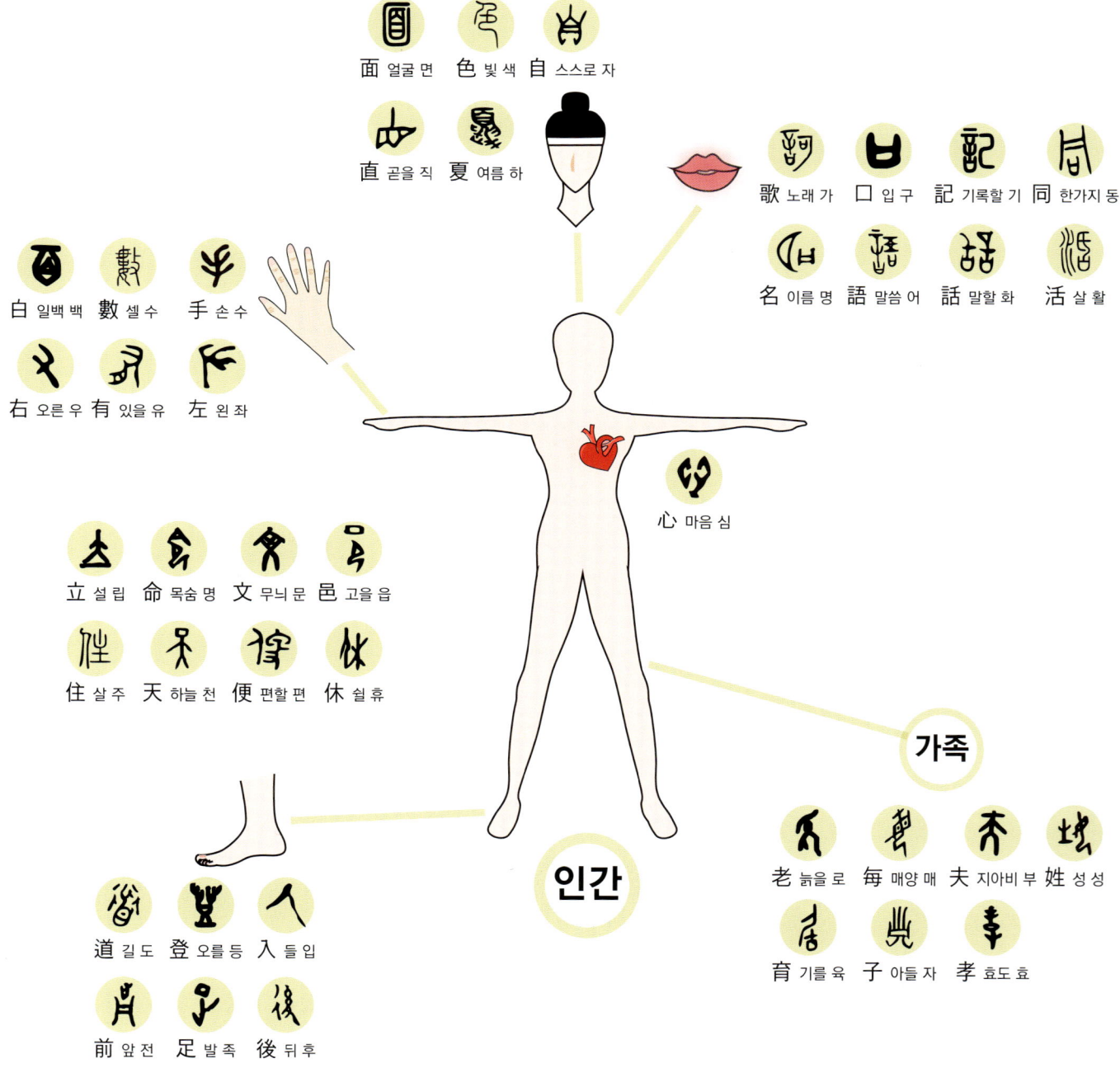

歌

노래 가

형성자　부수: 欠(하품 흠)　총획: 14

입을 벌려 '노래'를 부르는 모습이에요.
여기에서 '노래하다'는 뜻이 생겼어요.

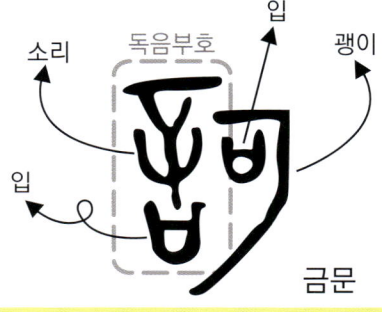

| 활용 | 歌手(가수): 노래 부르는 것을 직업으로 삼는 사람 |

歌 歌 歌 歌 歌 歌 歌 歌 歌 歌 歌 歌 歌 歌 歌

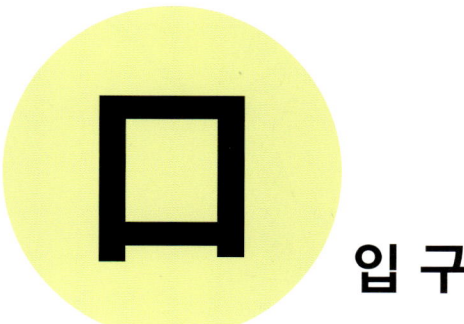 입 구

상형자 부수: 口(입 구) 총획: 3

벌려져 있는 '입'의 모습이에요.
그래서 '입'을 뜻한답니다.

벌려져 있는 입

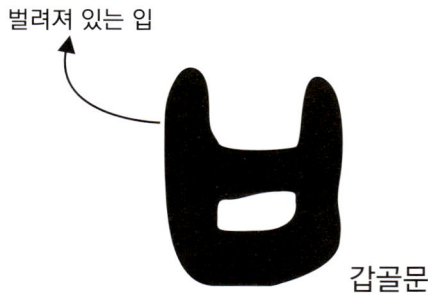

갑골문

| **활용** | 口蜜腹劍(구밀복검): 입으로는 달콤함을 말하나 뱃속에 칼을 감추고 있다는 뜻으로, 겉으로는 친절하나 마음속은 음흉한 것 |

기록할 기

형성자 　 부수: 言(말씀 언) 　 총획: 10

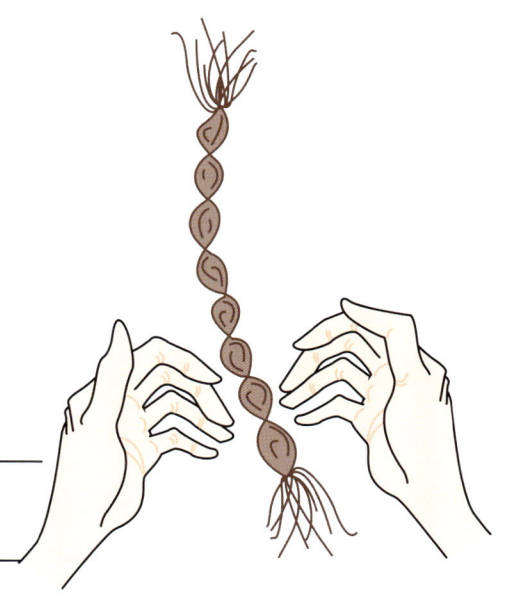

새끼줄로 사람이 말하는 내용을 기록하는 모습이에요.
아주 옛날에는 글자가 없었어요.
그때는 새끼줄을 엮어서 말을 기록했어요.
여기에서 '기록하다', '잊지 않다'는 뜻이 생겼어요.

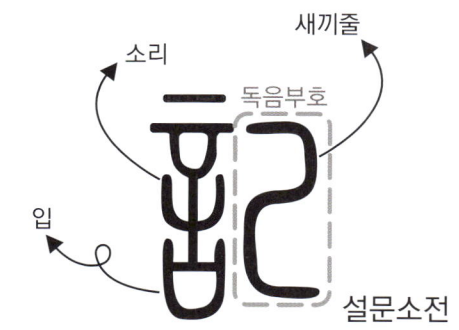

| 활용 | 記入(기입): 장부 따위에 적어 놓음 |

記 記 記 記 記 記 記 記 記 記

 길 도

회의자　부수: 辶(쉬엄쉬엄 갈 착)　총획: 12

사슴의 머리를 그린 모습이에요.
나중에는 길까지 같이 그려놓아서, '길'을 나타내게 되었어요.
옛날 산길에는 동물들이 지나다니는 곳에 길이 자연스럽게
만들어졌기 때문에, 여기에서 '길'이라는 뜻이 생겼답니다.

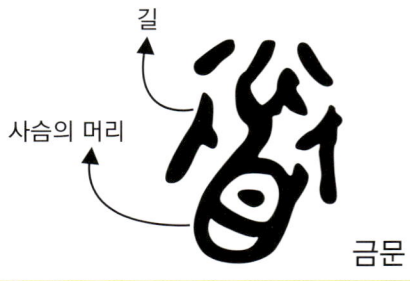
길
사슴의 머리
금문

| 활용 | 郡守(군수) : 한 군의 행정사무를 맡아보는 으뜸 벼슬 |

道道道道道道道道道道道道

同 한가지 동

회의자　부수: 口(입 구)　총획: 6

아랫부분은 사람의 입이고 윗부분은 가마의 모습이에요.
가마처럼 무거운 것을 사람들이 소리를 내면서 '함께' 들어
올리는 모습이에요.
여기에서 '함께', '같이하다'는 뜻이 생긴 거예요.

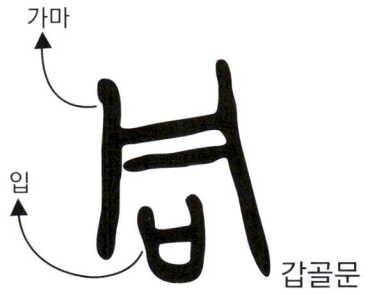
갑골문

활용　同席(동석): 같은 석차나 지위, 같은 자리

오를 등

회의자   부수: ⽨(등질 **발**)   총획: 12

음식이나 곡식을 제사그릇에 담아서 신에게 '드리는' 모습이에요.
여기에서 '올리다', '오르다', '곡식이 익다'는 뜻이 생겼어요.

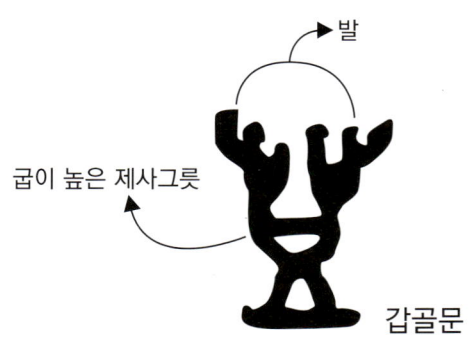
발
굽이 높은 제사그릇
갑골문

활용   登校(등교): 학교에 출석함

登 登 登 登 登 登 登 登 登 登 登 登

늙을 로

상형자 부수: 老(늙을 로) 총획: 6

긴 머리칼과 굽은 몸, 지팡이를 든 손의 모습이에요.
바로 '나이가 든 사람'을 그린 글자예요.
그래서 '나이가 들다'가 원래 뜻이에요.
여기에서 '늙다'는 뜻이 나왔답니다.

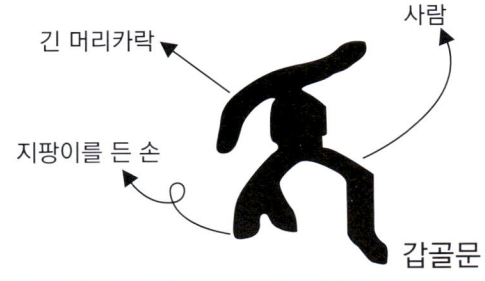

긴 머리카락
사람
지팡이를 든 손
갑골문

활용 年老(연로): 늙을 만큼 나이가 많음

老 老 老 老 老 老

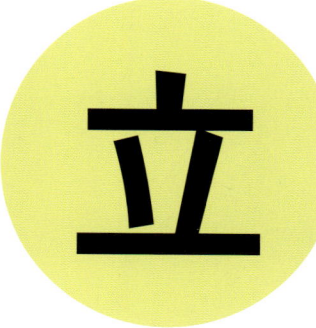 설 립

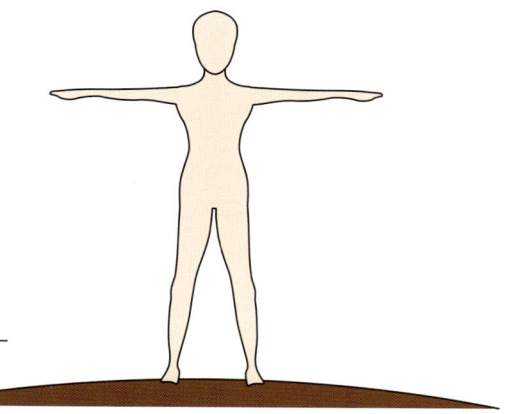

상형자　부수: 立(설 립)　총획: 5

땅 위에 사람이 팔을 벌리고 서 있는 모습이에요.
여기에서 '서다'는 뜻이 생겼답니다.

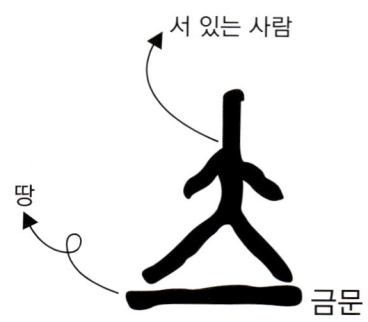

| 활용 | 自立(자립): 남에게 예속되거나 의지하지 아니하고 스스로 섬 |

立 立 立 立 立

每 매양 매

상형자   부수: 毋(말 무)   총획: 7

비녀를 하나 꽂은 여자의 모습이에요.
여기에서 '어미'라는 뜻이 생겼어요.
엄마는 자식을 언제나 사랑하기 때문에,
'언제나(매양)'라는 뜻이 나온 거예요.

비녀
손을 모으고 앉아 있는 여자
갑골문

| 활용 | 每事(매사): 일마다, 모든 일 |

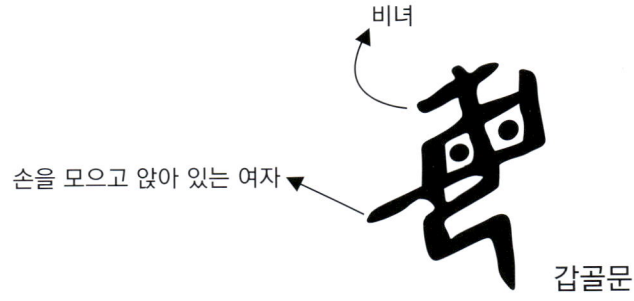

 **얼굴 면**

상형자　부수: 面(얼굴 면)　총획: 9

'얼굴'의 모습을 그린 한자예요.
그래서 '얼굴'이 뜻이랍니다.

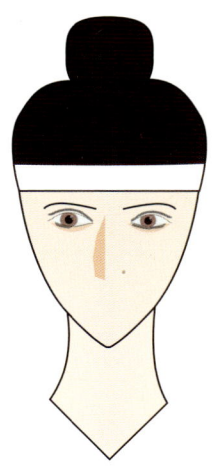

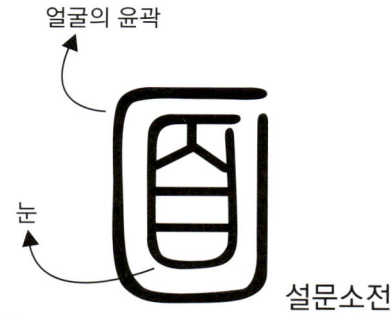

설문소전

| 활용 | 對面(대면): 서로 얼굴을 마주보고 대함 |

面 面 面 面 面 面 面 面 面

목숨 명

형성자　부수: 口(입 구)　총획: 8

'모자를 쓰고 앉은 사람'의 모습이에요.
옛날에는 '모자'를 일반 사람들이 쓸 수 없었어요.
직책이 높은 사람만이 모자를 쓸 수 있었어요.
그래서 '우두머리의 입에서 나오는 명령'이라는 뜻이 생겼어요.
여기에서 '시키다', '목숨'이라는 뜻이 나왔어요.

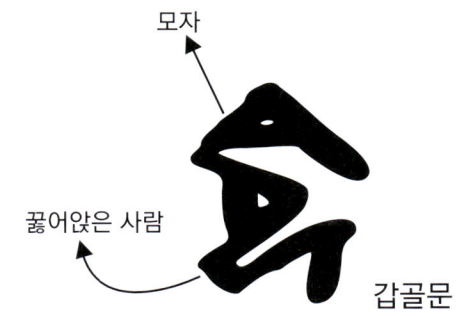
모자
꿇어앉은 사람
갑골문

| 활용 | 命名(명명): 사람이나 물건에 이름을 지어 붙임 |

命 命 命 命 命 命 命 命

名 이름 명

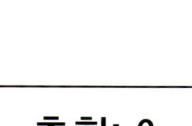

회의자　부수: 口(입 구)　총획: 6

밤에는 어두워서 사람이 잘 보이지 않잖아요?
그래서 밤에 사람의 '이름'을 불러 찾는 모습이에요.
여기에서 '부르다', '이름을 붙이다'는 뜻이 생겼어요.

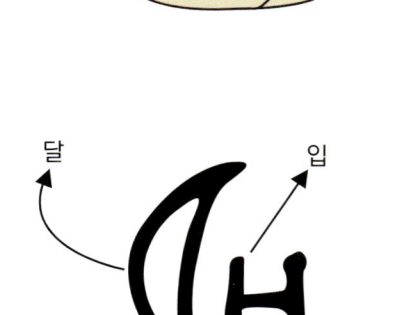

달　입
갑골문

활용　名作(명작): 이름난 훌륭한 작품

名 名 名 名 名 名

 무늬 문

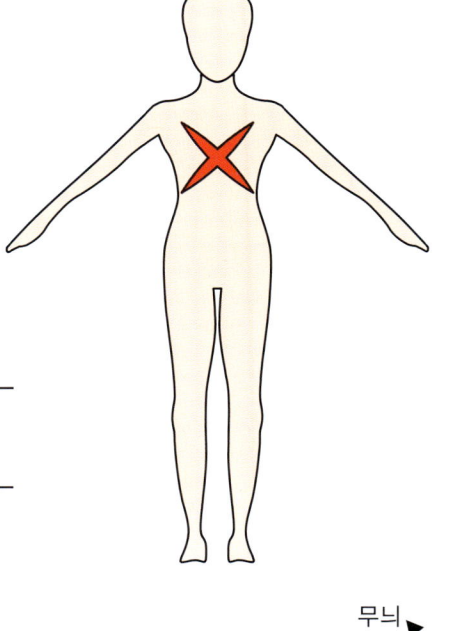

상형자　부수: 文(무늬 문)　총획: 4

사람의 모습에 가운데의 ×, ∨, 入, ノ 등은 가슴에 새겨진 무늬의 그림이에요.
그러니까 사람의 가슴에 어떤 무늬를 새겨 놓은 것이에요.
여기에서 '무늬'라는 뜻이 생겼답니다.

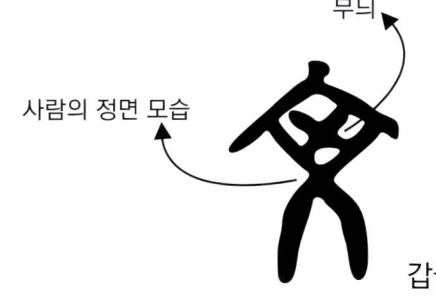

| 활용 | 文學(문학): 사상이나 감정을 언어로 표현한 예술 또는 작품 |

일백 백

지사자　부수: 白(흰 백)　총획: 6

100이라는 숫자를 나타내요.

이건 白(흰 백)에 가로획을 더해 만든 글자랍니다.

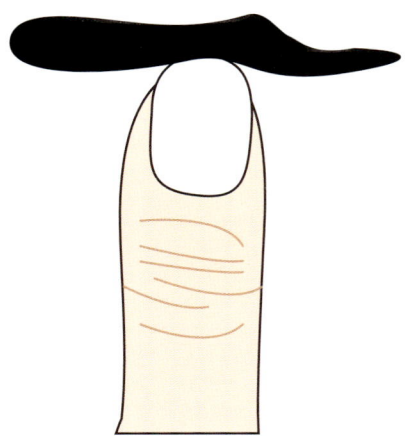

추상부호인 가로획을 하나 그려 놓았음

손톱

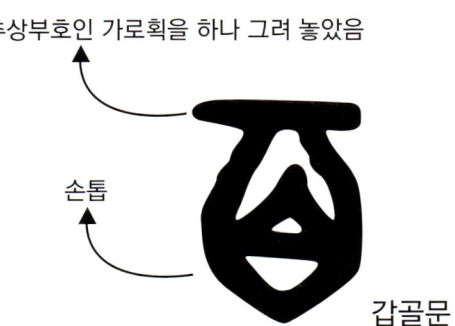

갑골문

| 활용 | 百姓(백성): 일반 국민 |

지아비 부

지사자 　부수: 大(큰 대) 　총획: 4

사람이 머리에 비녀를 꽂은 모습이에요.
옛날 중국에서는 남자도 어른이 되면 머리에다 비녀를 꽂았어요.
성인 남자는 결혼을 할 수 있잖아요.
그래서 여기에서 '성인 남자', '지아비'라는 뜻이 생겼어요.

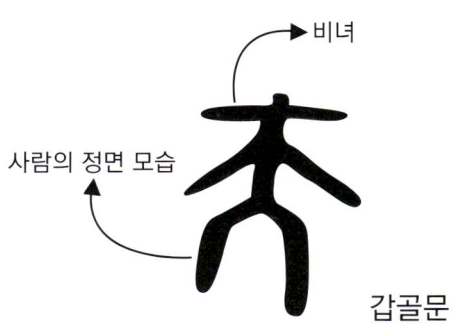

갑골문

활용 　工夫(공부): 학문이나 기술을 닦는 일

夫 夫 夫 夫

일 사

상형자　부수: 亅(갈고리 궐)　총획: 8

손으로 장식이 달린 붓을 잡고 있는 모습이에요.
옛날에 문관들은 붓으로 글을 쓰면서 역사를 기록했어요.
그게 그들의 '일'이었던 거예요.
그래서 여기에서 '일'이라는 뜻이 생겼어요.

장식이 달린 붓

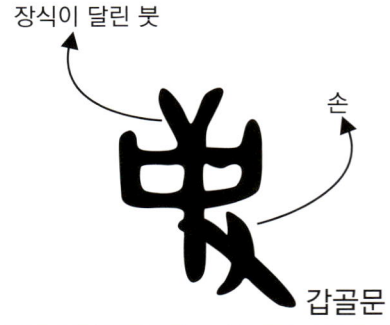

손

갑골문

활용　成事(성사): 일을 이룸, 일이 이루어짐

事事事事事事事事

빛 색

회의자　부수: 色(빛 색)　총획: 6

'안색(顔色)' 즉 얼굴빛을 말해요.

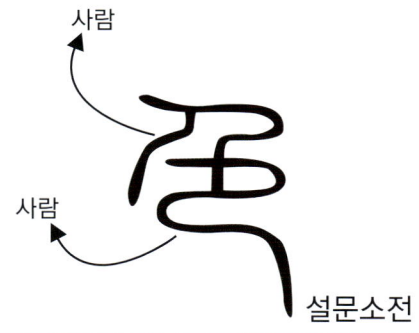

| 활용 | 氣色(기색): 얼굴에 나타나는 빛, 얼굴에 나타난 감정의 변화 |

色色色色色色

姓

성 성

형성자　부수: 女(여자 녀)　총획: 8

꿇어앉아 있는 여자와 싹의 모습이에요.
이것은 여자가 아이를 낳았다는 의미를 가지고 있어요.
아이를 낳고 나면 성과 이름이 주어지잖아요?
그래서 '성'이 뜻이랍니다.

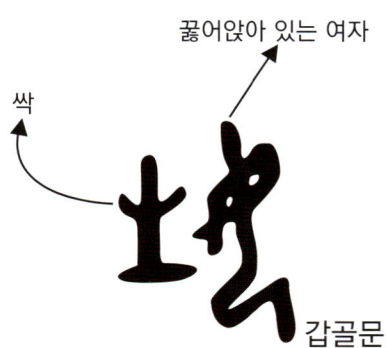

싹 ↑　꿇어앉아 있는 여자 ↑
갑골문

| 활용 | 姓名(성명): 성과 이름 |

姓 姓 姓 姓 姓 姓 姓 姓

數

셀 수 / 자주 삭 / 빽빽할 촉

형성자   부수: 攵(칠 복)   총획: 15

손으로 매듭을 만드는 모습이에요.
옛날에는 수를 셈하는 방법이 매듭을 짓는 거였어요.
그래서 여기에서 '계산하다'는 뜻이 생겼답니다.

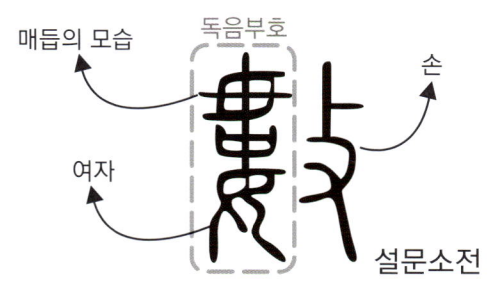

활용   等數(등수): 등급에 따라 정한 차례

손 수

상형자　부수: 手(손 수)　총획: 4

얼핏보면 잎처럼 보일 수도 있지만, 이건 엄연히 손을 그린 모습이랍니다.

옛날에는 지금처럼 섬세하게 손을 그릴 수 없었어요.

가운데 손가락을 중심으로 손의 뼈를 그린거예요.

'손'이라는 뜻이에요.

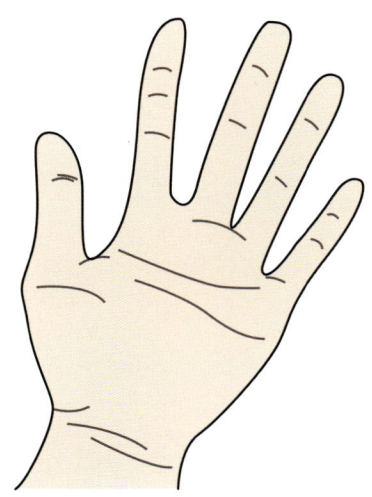

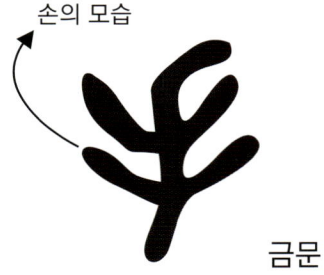

손의 모습

금문

| 활용 | 手動(수동): 손으로 움직임 |

 **마음 심**

상형자　부수: 心(마음 심)　총획: 4

심장의 모습이에요.
심장은 무엇을 상징하죠? 바로 마음이에요.
여기에서 '마음'이라는 뜻이 생겼어요.
또 심장이 신체의 가장 중심이기 때문에 '핵심'이라는 뜻도 생겼답니다.

심장
갑골문

| 활용 | 安心(안심): 걱정이 없이 마음을 편안히 가짐 |

 **말씀 어**

형성자 　부수: 言(말씀 언)　총획: 14

'말로 이야기하다'는 뜻이에요.
여기에서 '말', '언어', '문자'라는 뜻이 생겼어요.

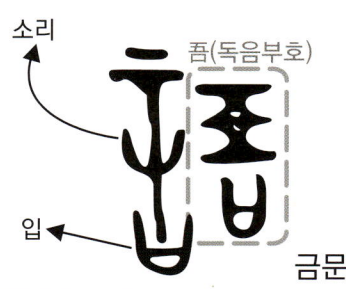

| 활용 | 語學(어학): 언어에 대해 연구하는 학문 |

語語語語語語語語語語語語語語

오른 우

회의자 부수: 口(입 구) 총획: 5

오른손을 그린 모습이에요.
이후에 '오른쪽', '돕다'는 뜻이 생겼어요.
오른손이 둘 모이면 友(벗 우)가 되는데,
이렇듯 서로 도와주는 존재가 친구가 아닌가 싶어요.

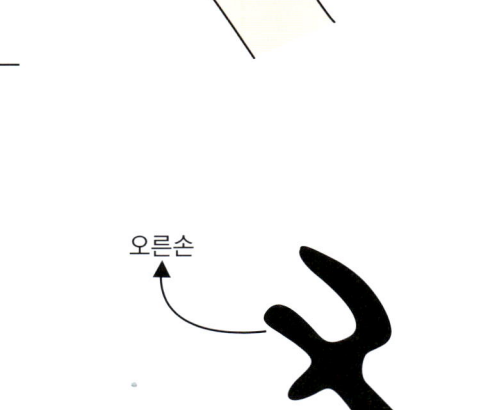

오른손
갑골문

| 활용 | 左右(좌우): 왼쪽과 오른쪽 |

右 右 右 右 右

有 있을 유

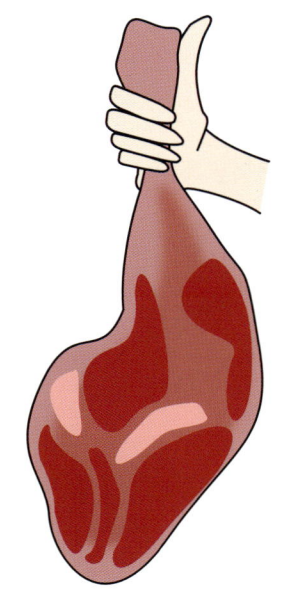

형성자　부수: 肉(고기 육)　총획: 6

손에 고기를 잡고 있는 모습이에요.
그래서 '가지다', '많다'는 뜻이 생겼어요.

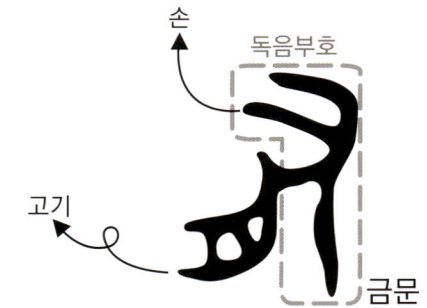

활용　有別(유별): 다름, 구별이 있음

有 有 有 有 有 有

기를 육

형성자　부수: 肉(고기 육)　총획: 8

여자가 아기를 낳는 모습이에요.
아기는 머리부터 나오잖아요?
갑골문에도 아기가 머리부터 나오는 모습이 보이죠?
여기에서 '아이를 낳아 기르다', '키우다'라는 뜻이 생겼어요.

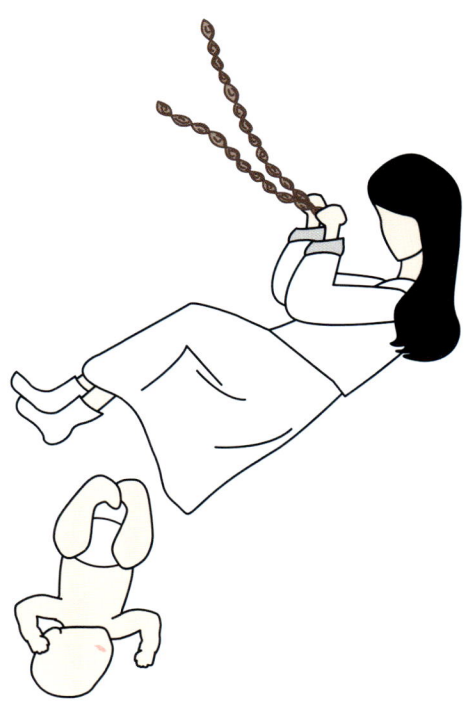

| 활용 | 育成(육성): 가르쳐서 기르는 것 |

育 育 育 育 育 育 育 育

고을 읍

회의자   부수: 邑(고을 읍)   총획: 7

위쪽은 성이고, 아래쪽은 꿇어앉아 있는 사람의 모습이에요.
성에 사람이 살고 있다는 것을 나타낸 모습이랍니다.
여기에서 '고을'이라는 뜻이 생겼어요.

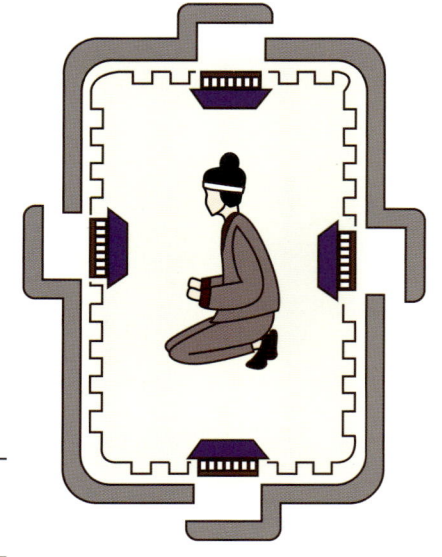

활용   都邑(도읍): 한 나라의 수도

邑 邑 邑 邑 邑 邑 邑

入
들 입

상형자 부수: 入(들 입) 총획: 2

원래는 동굴 집으로 들어가는 굴의 입구를 그린 모습이에요.
입구가 있으면 들어가게 되잖아요.
여기에서 '들어가다'는 뜻이 생겼답니다.

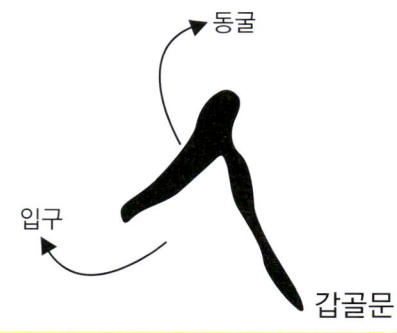

| 활용 | 入學(입학): 학교에 들어감 |

스스로 자

상형자　부수: 自(스스로 자)　총획: 6

코의 모습이에요.
그러니까 '코'가 원래 뜻이에요.
그런데 우리는 자기자신을 지칭할 때 보통 손가락으로 코를 가리키기도 하잖아요.
그래서인지 이후 '스스로'라는 뜻으로 사용되었어요.

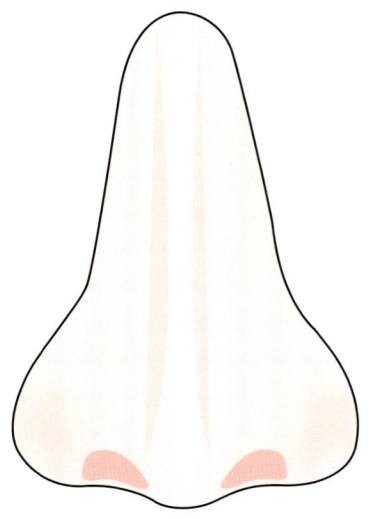

갑골문

| 활용 | 自信(자신): 자기의 능력이나 가치를 확신함 |

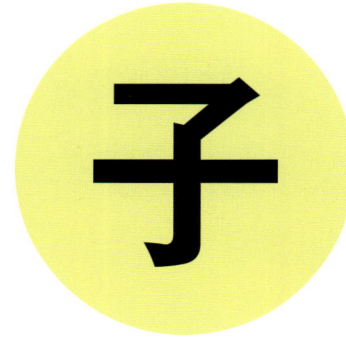

아들 자

상형자　부수: 子(아들 자)　총획: 3

막 태어난 아기의 모습이에요.
갑골문을 잘 살펴보면, 이 아기는 머리카락이 달린 큰 머리와 몸으로 구성되어 있어요.
갓 태어난 아기는 머리가 커 보이잖아요.
그래서 갑골문에 머리가 크게 그려진 거예요.
여기에서 '아이', '자식'이라는 뜻이 생겼답니다.

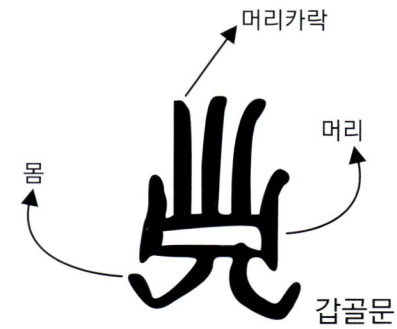
갑골문

활용　子女(자녀): 아들과 딸의 높임말

子 了 子

 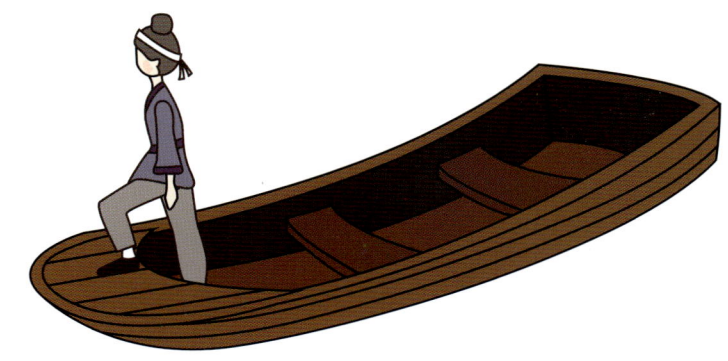

앞 전

회의자　부수: 刀(칼 도)　총획: 9

배의 앞부분에 발이 있는 모습이에요.
이것은 배의 앞으로 발이 나아간다는 의미에요.
그래서 '나아가다'는 뜻이 생겼고, '앞'이라는 뜻도 생겼어요.

활용　事前(사전): 어떤 일을 시작하거나 실행하기 전

前 前 前 前 前 前 前 前 前

발 족

상형자　**부수: 足(발 족)**　**총획: 7**

위는 무릎, 아래는 다리의 모습이에요.
그런데 지금은 '발'이라는 뜻으로 사용된답니다.

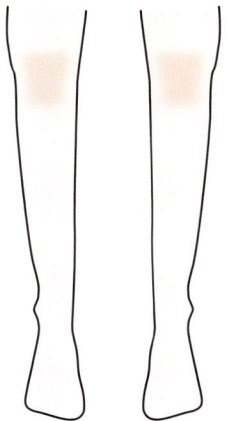

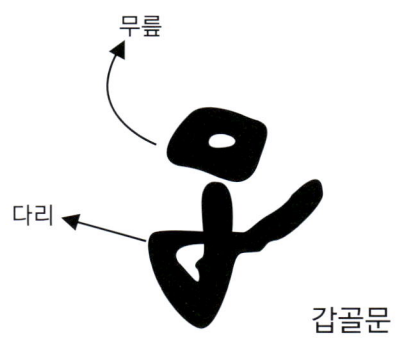

무릎
다리
갑골문

| 활용 | 手足(수족): 손과 발, 손발과 같이 마음대로 부리는 사람 |

足 足 足 足 足 足 足

 왼 좌

회의자   부수: 工(장인 공)   총획: 5

왼손의 모습이에요.
이후에 뜻을 정확하게 하기 위해, 왼손에 공구를 든 모습을 그렸어요.
'왼쪽'이라는 뜻을 나타낸답니다.

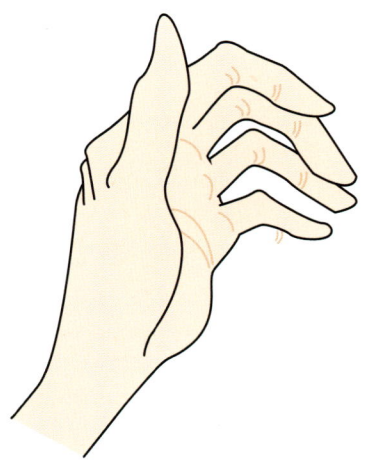

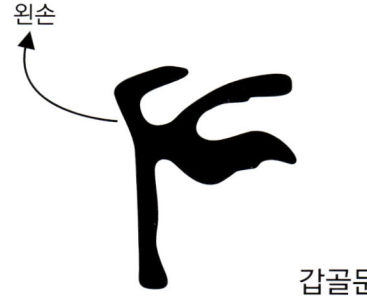
왼손
갑골문

| 활용 | 右往左往(우왕좌왕): 이리저리 왔다, 갔다하며 일이나 나아가는 방향을 종잡지 못함. 갈팡질팡 |

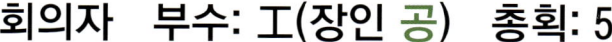

살 주

형성자   부수: 人(사람 인)   총획: 7

사람이 주인이 되어 주인 의식을 가지면서 사는 곳을 말해요. 거기가 바로 '거주지'이죠.

설문소전

| 활용 | 住民(주민): 그 땅에 사는 백성 |

住住住住住住住

곧을 직

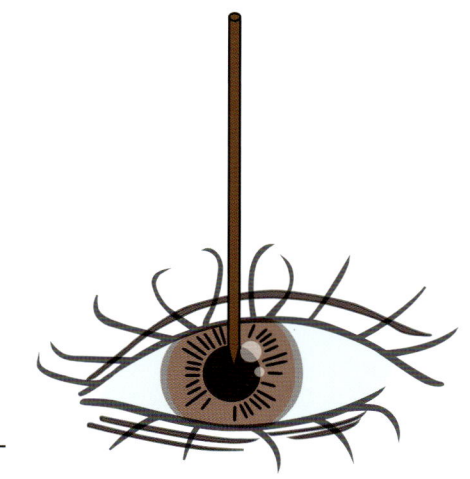

회의자　부수: 目(눈 목)　총획: 8

눈(目) 위로 세로 획이 곧게 그려진 모습이에요.
이 세로 획은 '똑바로 쳐다본다'는 것을 나타낸답니다.
그래서 '똑바로 보다'가 원래 뜻이에요.
여기에서 '곧다', '正直(정직)하다' 등의 뜻이 나왔답니다.

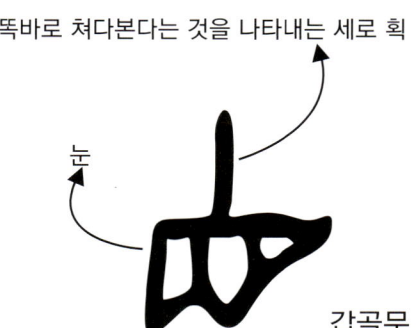

| 활용 | 直面(직면): 어떤 사물에 직접 대면함 |

直 直 直 直 直 直 直 直

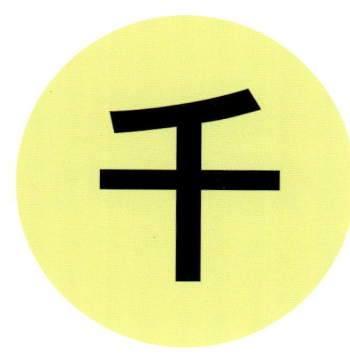

일천 천

형성자　부수: 十(열 십)　총획: 3

가로획(一)과 人(사람 인)을 합하여 1천이라는 숫자를 나타냈어요.
1,000이라는 숫자는 1보다도, 10보다도, 100보다도 많아요.
그래서 옛날 사람들은 엄청 많다고 느꼈을 거에요.
여기에서 '많다'는 뜻이 나왔답니다.

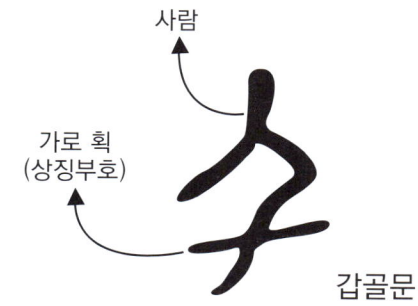

사람
가로 획
(상징부호)
갑골문

| 활용 | 千金(천금): 많은 돈의 비유 |

 하늘 천

상형자 부수: 大(큰 대) 총획: 4

사람의 머리를 크게 그린 모습이에요.
재미있는 건 옛날 사람들은 머리끝의 위가 '하늘'이라고 생각했어요.
여기에서 '하늘'이라는 뜻이 생겼답니다.

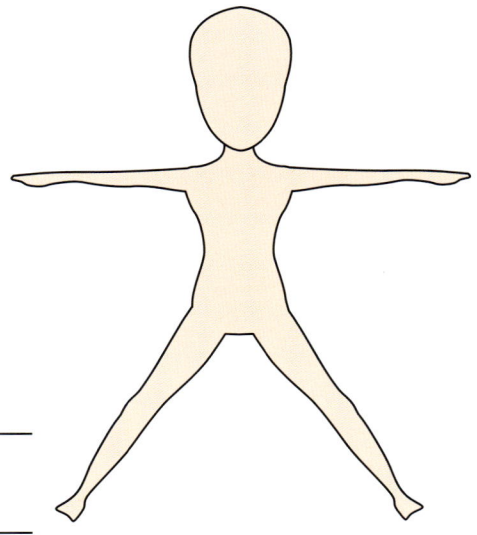

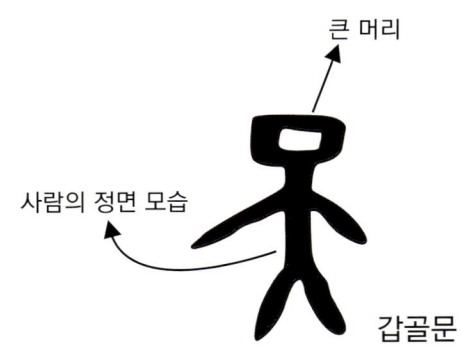

큰 머리
사람의 정면 모습
갑골문

| 활용 | 天然(천연): 사람의 힘을 가하지 않은 상태 |

天 天 天 天

 **편할 편**

회의자　부수: 人(사람 인)　총획: 9

원래 '채찍'을 말했어요.
'채찍'은 언제 쓰나요? 말 같은 동물들을 길들일 때 쓰죠?
길들여진 말은 사람들이 타기가 편해요.
그래서 이후 '편리하다'는 뜻이 나왔답니다.

금문

| 활용 | 便利(편리): 편하고 이로우며 이용하기 쉬움 |

夏

여름 하

회의자　부수: 夂(뒤져 올 치)　총획: 10

크게 그린 얼굴에 두 팔과 두 발이 그려진 사람의 모습이에요.
누군지 알겠어요?
여름에 비가 오게 해 달라고 비는 기우제를 지내는 무당의 모습이에요.
그런데 지금은 '여름'을 뜻한답니다.

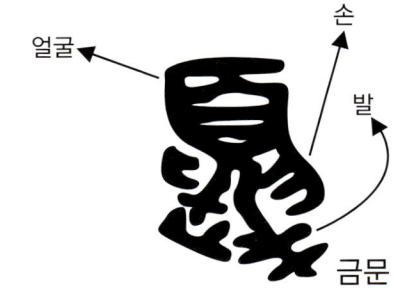

| 활용 | 夏期(하기): 여름철, 여름 기간 |

夏 夏 夏 夏 夏 夏 夏 夏 夏 夏

 **말할 화**

회의자　부수: 言(말씀 언)　총획: 13

말은 혀를 사용해서 할 수 있어요.
그래서 글자에 혀(舌)가 들어가는 거예요.
여기에서 '화제', '이야기' 등의 뜻이 나왔어요.

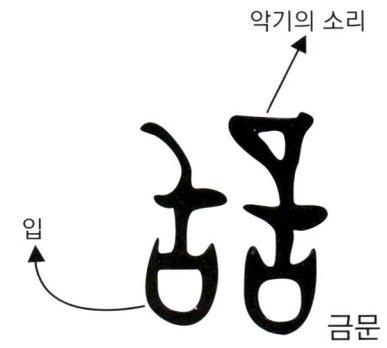

| 활용 | 話頭(화두): 이야기의 말머리 |

話 話 話 話 話 話 話 話 話 話 話 話 話

活

살 활

형성자　부수: 水(물 수)　총획: 9

'살다'는 뜻이에요.
우리는 입을 통해 물을 마셔야지만 살 수 있어요.
그 입 안에 혀(舌)가 들어있고,
거기에 물이 들어가는 모습이에요.

설문소전

| 활용 | 活動(활동): 기운차게 움직임 |

活活活活活活活活活

효도 효

회의자　부수: 子(아들 자)　총획: 7

자식이 늙은이를 등에 업은 모습이에요.
나이가 들면 힘이 없잖아요.
그래서 자식이 아버지를 업고 있는 모습이 바로 이 글자예요.
'효도'를 나타낸 글자이지요.

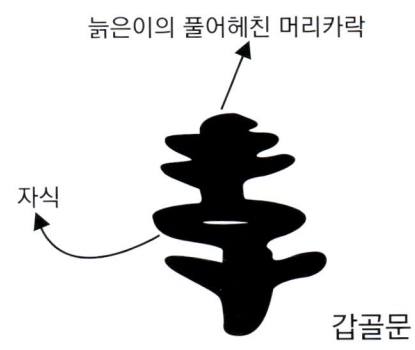

늙은이의 풀어헤친 머리카락

자식

갑골문

| 활용 | 孝道(효도): 부모를 잘 섬기는 도리 |

孝 孝 孝 孝 孝 孝 孝

 뒤 후

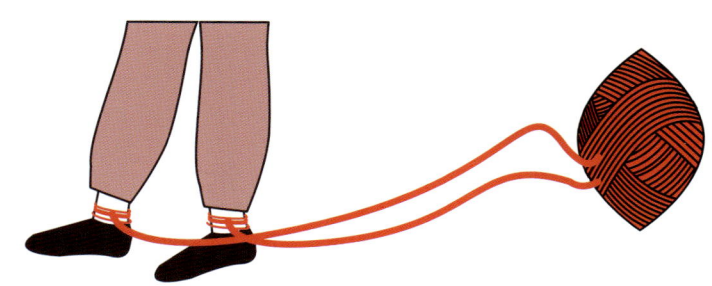

회의자   부수: 彳(조금 걸을 척)   총획: 9

발의 뒤쪽을 실로 묶은 모습이에요.
남보다 뒤처져 길을 가다는 의미를 나타낸 거예요.
바로 다른 사람의 뒤를 걸어가는게 되는 거지요.
이후 '뒤'를 뜻하게 되었답니다.

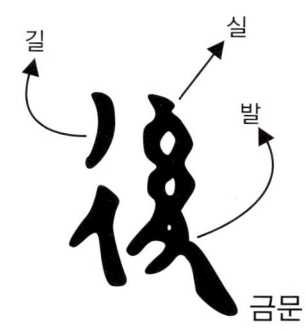

| 활용 | 後世(후세): 뒤에 올 시대의 사람들, 뒤의 자손 |

後後後後後後後後後

쉴 휴

회의자　부수: 人(사람 인)　총획: 6

사람이 나무에 기대고 쉬는 모습을 그렸어요. 여기에서 '쉬다'는 뜻이 생겼고, 다시 '즐겁다'는 뜻이 생겼답니다.

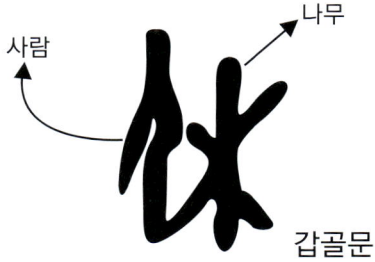

갑골문

| 활용 | 休學(휴학): 학업을 쉼 |

休 休 休 休 休 休

2부 자연

자연

땅
- 場 마당 장
- 地 땅 지

하늘
- 氣 기운 기
- 夕 저녁 석
- 電 번개 전
- 時 때 시

동물
- 物 만물 물
- 然 그럴 연

물
- 江 강 강
- 洞 골 동
- 川 내 천
- 漢 한수 한
- 海 바다 해

식물
- 農 농사 농
- 來 돌아올 래
- 林 수풀 림
- 不 아닐 불/부
- 植 심을 식
- 草 풀 초
- 村 마을 촌
- 秋 가을 추
- 春 봄 춘
- 花 꽃 화

江

강 강

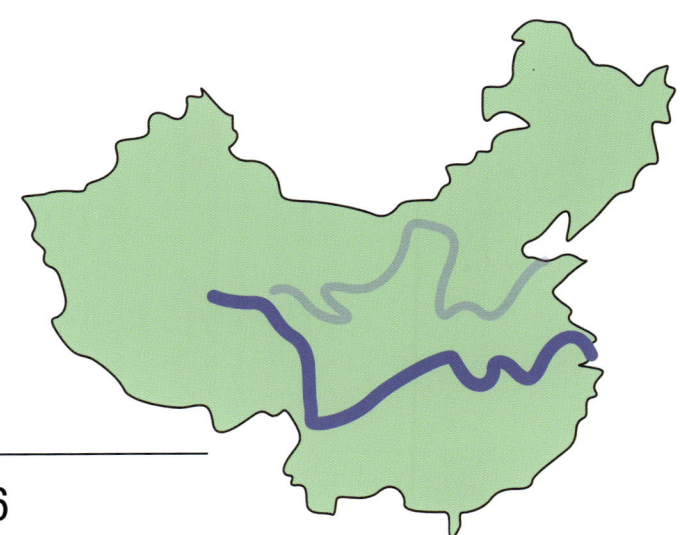

형성자 부수: 水(물 수) 총획: 6

처음에는 중국에서 가장 길고 큰 장강(長江)이라는 강을 나타내었어요.
그러다가 나중에 모든 '강'을 다 나타내게 되었지요.
옛날 중국 사람들은 공구를 가지고 물길을 다스려야 한다고 생각했나봐요.
그래서 한자에 도구를 나타내는 工(공)이 들어간답니다.

| 활용 | 江山(강산): ① 강과 산 ② 나라의 영토 |

江 江 江 江 江 江

氣 기운 기

형성자　부수: 气(기운 기)　총획: 10

원래는 구름 띠가 하늘에 퍼져 있는 모습이에요.
이후에 '기운'이라는 뜻이 생긴 거랍니다.

구름 띠가 하늘에 퍼진 모습

쌀로 밥을 지을 때 생기는 증기때문에 米(쌀 미)를 첨가함

설문소전

| 활용 | 氣分(기분): 마음에 생기는 유쾌, 불쾌 등의 주관적이고 단순한 감정상태, 분위기 |

氣 氣 氣 氣 氣 氣 氣 氣 氣 氣

農

농사 농

회의자 부수: 辰(별 진) 총획: 13

조개 칼로 숲에 있는 풀을 베고 농작물을 키우는 모습이에요. 여기에서 '농사'의 뜻이 생겼어요.

나무
조개 칼
갑골문

활용 農事(농사): 논밭을 갈아 농작물을 심어 가꾸고 거두어들이는 일

農農農農農農農農農農農農農農

洞 골 동

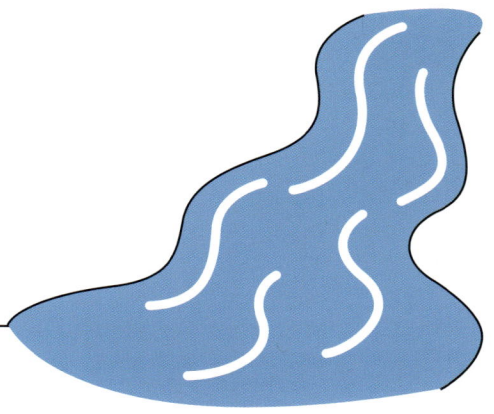

형성자　부수: 水(물 수)　총획: 9

물이 같은 방향으로 빠르게 흐르는 것을 말해요.
물(水)을 중심으로 함께(同) 산다는 뜻에서 사람이 사는
'마을'과 행정단위를 뜻하게 되었답니다.

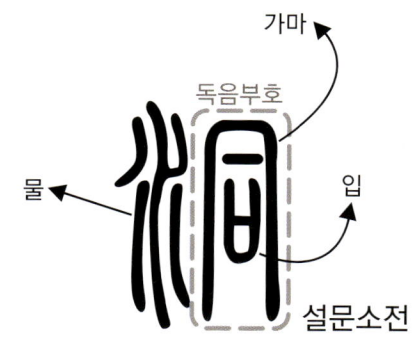

| 활용 | 洞里(동리): 지방 행정 구역인 동(洞)과 리(里)의 총칭 |

洞 洞 洞 洞 洞 洞 洞 洞 洞

來
올 래

상형자　부수: 人(사람 인)　총획: 8

'보리'가 원래 뜻이었어요.
그런데 보리가 중앙아시아에서 들어왔기 때문에,
'오다'는 뜻으로 사용되었어요.

보리
갑골문

| 활용 | 外來語(외래어): 외국어에서 빌려 마치 국어처럼 쓰는 단어 |

來來來來來來來來

林

수풀 림

회의자　부수: 木(나무 목)　총획: 8

두 개의 나무를 그린 모습이에요.
나무가 모여 있는 곳을 뭐라고 말하지요?
'숲'이라고 부르잖아요.
그래서 '수풀', '숲'이라는 뜻이 생겼어요.

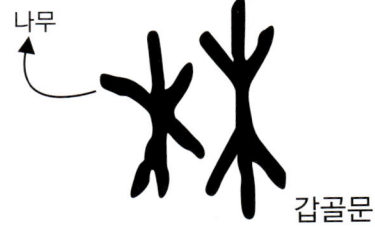

나무
갑골문

| 활용 | 林野(임야): 나무가 무성한 들 |

林林林林林林林林

만물 물

형성자   부수: 牛(소 우)   총획: 8

소가 밭을 가는 모습이에요.

이후에 '만물(萬物)'이라는 뜻이 생겼어요.

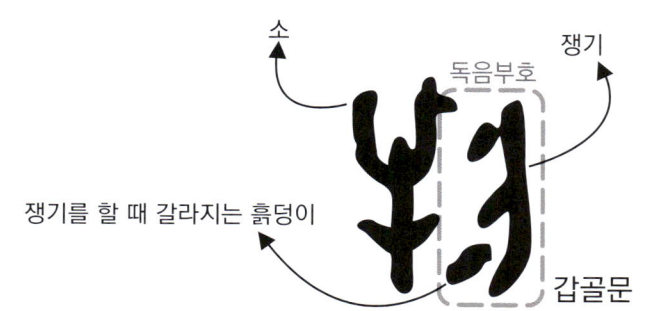

| 활용 | 事物(사물): 모든 일과 물건의 총칭 |

物 物 物 物 物 物 物 物

 아닐 불·부

상형자 부수: 一(한 일) 총획: 4

아래는 꽃대, 중간은 꽃받침, 위는 씨방인데,
제대로 여물지 못한 모습이에요.
이 때문에 '부정'의 의미가 만들어졌어요.
독음이 '불'과 '부' 두 가지가 있어요.

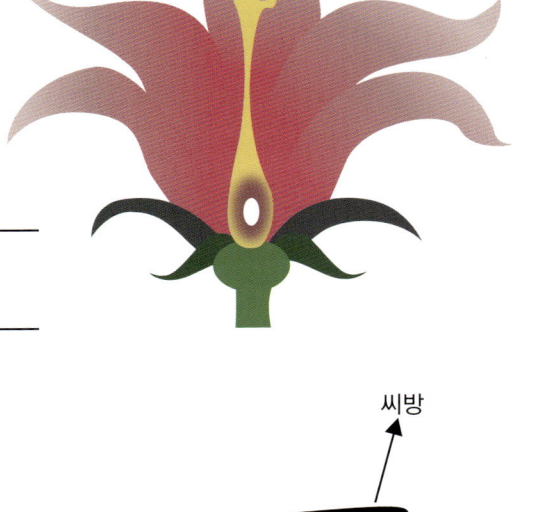

| 활용 | 不動(부동): 움직이지 않음 |

저녁 석

| 상형자 | 부수: 夕(저녁 석) | 총획: 3 |

'반달'의 모습이에요.
가운데에 있는 점은 달에 사는 옥토끼를 그린 거랍니다.
달이 뜨는 시간이 '밤'이니까, '밤'을 뜻하게 되었어요.

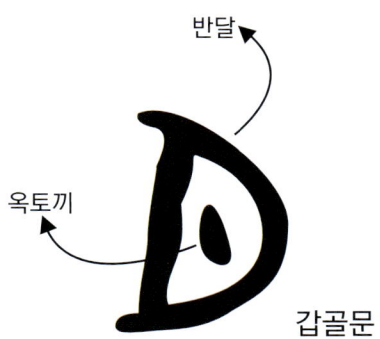

활용 秋夕(추석): 우리나라 명절 중 하나, 한가위

夕 夕 夕

때 시

형성자　부수: 日(날 일)　총획: 10

원래는 '태양의 움직임'이라는 뜻이었어요.
태양이 움직이면 어떻게 되죠? 시간이 흐르죠.
그래서 여기에서 '시간'이라는 뜻이 생겼어요.

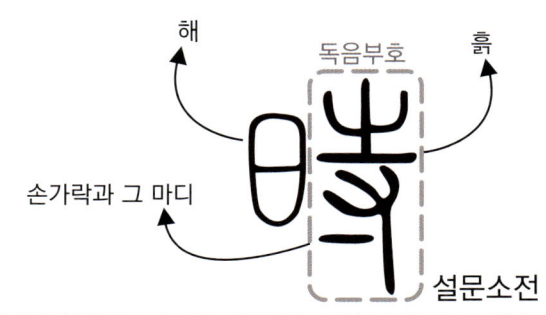

| 활용 | 時急(시급): 때가 절박하여 바쁨 |

時時時時時時時時時時

심을 식

형성자　부수: 木(나무 목)　총획: 12

나무는 똑바로 심어야 하기 때문에, 木(나무 목)과 直(곧을 직)으로 이루어져 있어요.
그래서 '심다'는 뜻을 나타낸답니다.
식물(植物)을 나타내기도 해요.

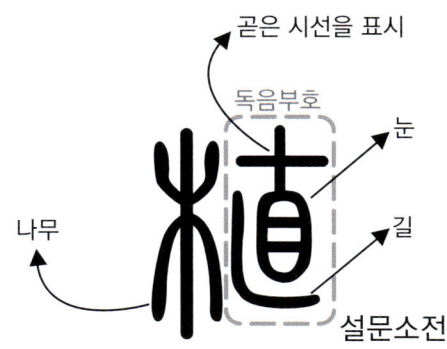

| 활용 | 植木(식목): 나무를 심음 |

植植植植植植植植植植植植

然

그럴 연

회의자   부수: 火(불 화)   총획: 12

개고기가 불에 굽혀지는 모습이에요.
그러니까 원래 '개고기를 불에 굽다'는 뜻이었어요.
이후 '그렇다'는 뜻으로 사용되자,
원래 뜻을 나타내는 한자로 火(불 화)를 더해 燃(불탈 연)이
만들어졌어요.

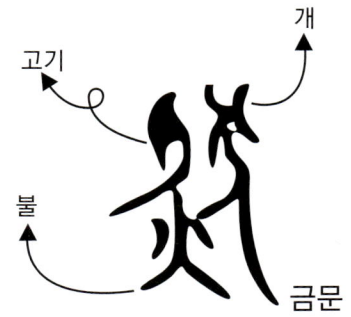

활용   然後(연후): 그러한 뒤

然 然 然 然 然 然 然 然 然 然 然 然

 마당 장

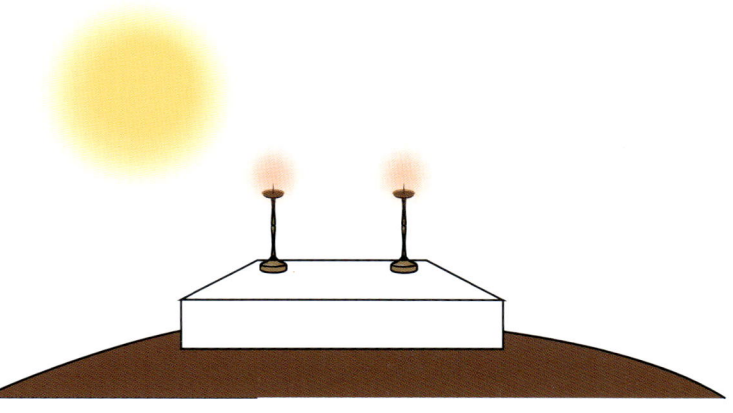

형성자   부수: 土(흙 토)   **총획:** 12

신에게 제사 지내기 위해 흙을 쌓아 만든 평평한 땅을 말해요.
여기에서 '마당'이라는 뜻이 생겼어요.

| 활용 | 場所(장소): 어떤 일이 이루어지거나 일어나는 곳 |

場 場 場 場 場 場 場 場 場 場 場 場

번개 전

형성자　부수: 雨(비 우)　총획: 13

위는 비, 아래는 번개의 모습이에요.
비 내리는 날, 번개가 치거든요.
여기에서 '번개'라는 뜻이 생겼답니다.

| 활용 | 電動(전동): 전기로 움직이는 것 |

電電電電電電電電電電電電電

地

땅 지

회의자　부수: 土(흙 토)　총획: 6

흙으로 만들어진 '땅'을 뜻해요.

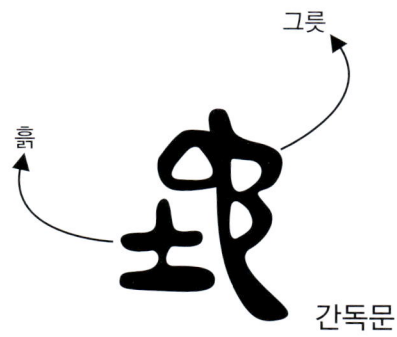

| 활용 | 山地(산지): 들이 적고 산이 많은 지대 |

地 地 地 地 地 地

내 천

상형자   부수: 巛(내 천)   총획: 3

'강'의 모습이에요.
그래서 '강'을 뜻한답니다.
또 '강' 주위로 넓게 펼쳐진 '평야'도 뜻하게 되었어요.

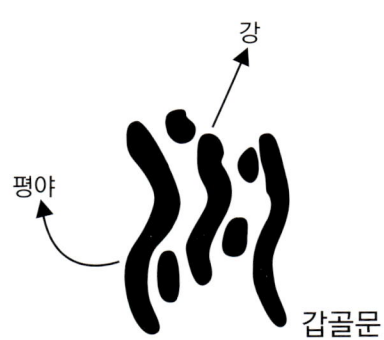

| 활용 | 河川(하천): 강과 시내 |

川 川 川

草

풀 초

형성자 부수: 艹(풀 초) 총획: 10

빨리(早) 자라는 풀(艹)이라는 뜻이에요.
바로 '식물'을 말한답니다.

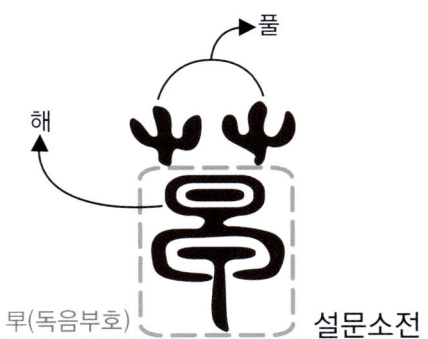

早(독음부호)   설문소전

| 활용 | 草家(초가): 초가집 |

草草草草草草草草草草

村
마을 촌

형성자   부수: 木(나무 목)   총획: 7

'마을'을 뜻해요.
옛날에는 '마을'과 '마을' 사이에 나무를 심어 경계로 삼았어요.
그런데 '마을'이란 게 그렇게 크지 않잖아요.
오히려 아담하고 작은 느낌을 주죠.
그래서 寸(마디 촌)이 들어간답니다.

| 활용 | 村長(촌장): 한 마을을 맡아보는 촌의 우두머리 |

村 村 村 村 村 村 村

秋

가을 추

회의자　부수: 禾(벼 화)　총획: 9

메뚜기를 불(火)로 태우는 모습이에요.
가을에 곡식을 수확할 때 들이 닥치는 메뚜기 떼를 불 질러 죽이는 모습이랍니다.
지금의 한자는 곡식(禾)을 불로 태우는 모습으로 바뀌었어요.

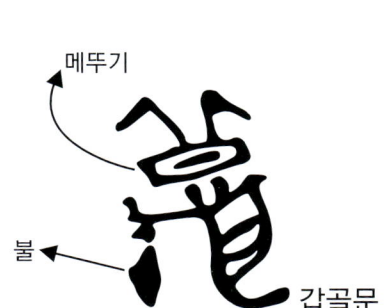

갑골문

| 활용 | 秋夜(추야): 가을 밤 |

秋 秋 秋 秋 秋 秋 秋 秋 秋

봄 춘

회의자　부수: 日(날 일)　총획: 9

해가 내리쬐는 땅에 싹이 돋아나는 모습이에요.
자연에서 새싹이 나오는 계절은 '봄'이잖아요.
그래서 '봄'을 나타내게 되었어요.

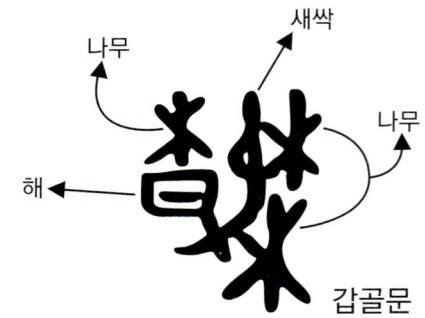

| 활용 | 思春期(사춘기): 육체적, 정신적으로 성인이 되는 시기 |

春 春 春 春 春 春 春 春 春

漢
한수 한

형성자　부수: 水(물 수)　총획: 14

중국에는 漢水(한수)라는 강이 있어요.
그 강을 나타내는 글자예요.
또 중국의 '한(漢)'나라를 뜻하기도 해요.

손이 뒤로 묶여 괴로워하면서
입을 벌리고 있는 사람

강 ← 독음부호

금문

| 활용 | 漢江(한강): 우리나라 중부를 흐르는 강 |

漢 漢 漢 漢 漢 漢 漢 漢 漢 漢 漢 漢 漢 漢 漢

海
바다 해

형성자　부수: 水(물 수)　총획: 10

어머니와 같이 넓은 바다를 나타내는 글자예요.
'바다'를 뜻한답니다.

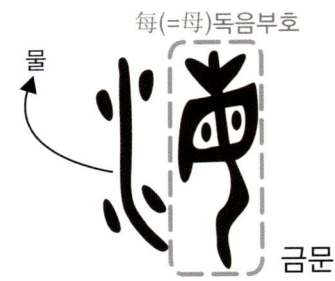

물 → 每(=母)독음부호
금문

| 활용 | 海洋(해양): 넓은 바다 |

海海海海海海海海海海

꽃 화

형성자 부수: 艸(풀 초) 총획: 8

'꽃'을 말해요.
현대 한자를 살펴보면, 풀과 化(변화할 화)로
구성되었어요.
'꽃'은 씨에서부터 꽃으로 피기까지 계속 변하잖아요.
그래서 化(변화할 화)가 들어가 있답니다.

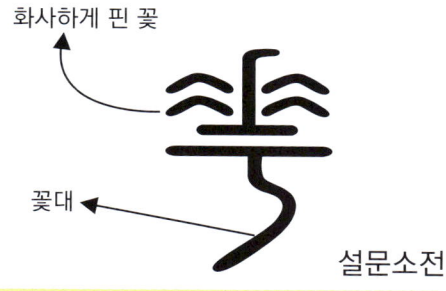

화사하게 핀 꽃
꽃대
설문소전

| 활용 | 國花(국화): 한 나라의 상징으로 삼고 가장 사랑하고 가장 중하게 여기는 꽃 |

花花花花花花花花

3부 생활

집 가

회의자　부수: 宀(집 면)　총획: 10

집 안에 돼지가 있는 모습이에요.
아래층에 돼지가 살고, 위층에 사람이 살던 모습이에요.
여기에서 '집'이라는 뜻이 생겼어요.

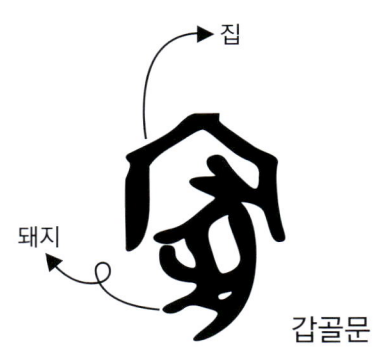

집
돼지
갑골문

| 활용 | 家庭(가정): 한 가족으로서의 집안 |

家家家家家家家家家家

 **사이 간 / 틈 한**

회의자 부수: 門(문 문) 총획: 12

문 '틈'으로 스며드는 달빛의 모습이에요.
여기에서 '사이', '틈'이라는 뜻이 생겼어요.
그런데 이 한자는 음이 두 개예요.
'사이'를 나타낼 때는 '간'이라고 읽고,
'틈'을 나타낼 때는 '한'이라고 읽어야 해요.

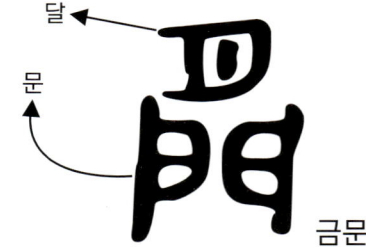
금문

| 활용 | 間食(간식): 끼니와 끼니 사이에 음식을 먹음, 또는 그 음식 |

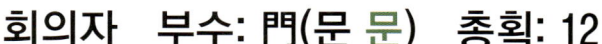

車

수레 거 · 차

상형자 **부수: 車(수레 거)** **총획: 7**

바퀴가 있는 '마차'의 모습이에요.
발음이 '거'와 '차' 2개 있답니다.

멍에(말과 연결하는 장치)
바퀴
갑골문

| 활용 | 車道(차도): 차가 다니도록 마련된 길 |

車 車 車 車 車 車 車

空

빌 공

형성자   부수: 穴(구멍 혈)   총획: 8

도구를 가지고 언덕에 굴을 파서 '공간'을 만든 모습이에요.
이때 '공간'은 텅 비어 있잖아요.
그 안에 아무것도 없어요.
그래서 '하늘', '텅 비었다'는 뜻이 나왔어요.

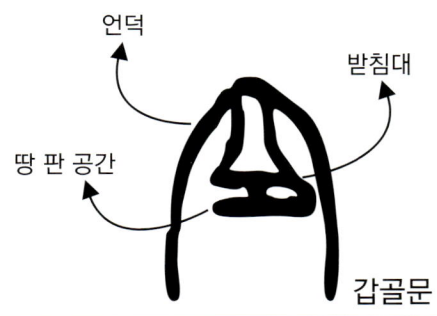

언덕
받침대
땅 판 공간
갑골문

| 활용 | 空間(공간): 상하, 전후, 좌우로 끝없이 퍼져있는 빈 곳 |

空空空空空空空空

장인 공

상형자   부수: 工(장인 공)   총획: 3

땅을 평평하게 만들 때 쓰던 돌 절굿공이의 모습이에요.
돌 절굿공이를 사용해서 땅을 평평하게 만드는 사람이
'장인'이거든요.
그래서 '장인'이라는 뜻이 생겼어요.

손잡이
돌 절굿공이
갑골문

활용   工場(공장): 물건을 만들거나 가공, 생산에 종사하는 시설

기 기

형성자　부수: 方(모 방)　총획: 14

바람에 날리는 '깃발'을 말한답니다.
깃발을 흔들며 군대에서 호령하는 모습이 떠오르나요?
여기에서 '호령하다'는 뜻이 나왔어요.

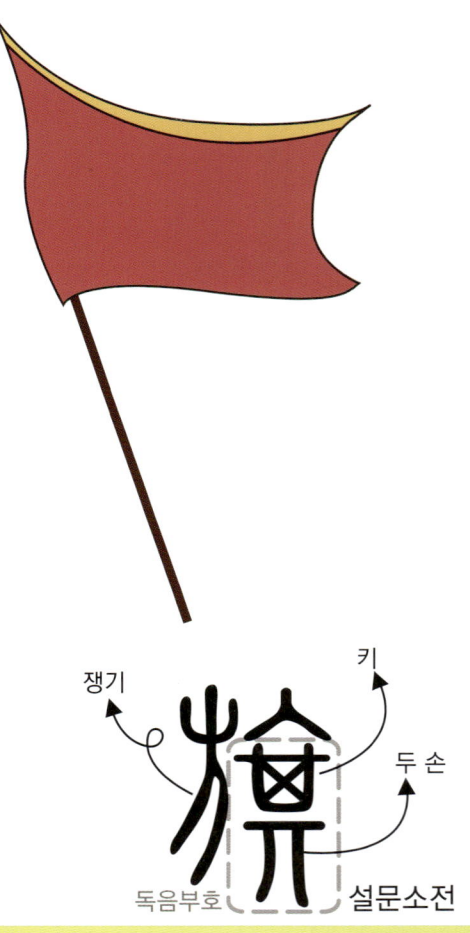

| 활용 | 國旗(국기): 나라를 상징하는 기 |

旗 旗 旗 旗 旗 旗 旗 旗 旗 旗 旗 旗 旗 旗

男

사내 남

회의자　부수: 田(밭 전)　총획: 7

논이나 밭에서 쟁기를 사용하는 모습이에요.
보통 쟁기를 사용하는 사람이 누구죠?
바로 '남자'랍니다.
그래서 '사내'라는 뜻이 생겼어요.

| 활용 | 男便(남편): 아내의 배우자 |

男男男男男男男

안 내

상형자　부수: 入(들 입)　총획: 4

덮개 속에 물건이 들어 있는 모습이에요.
이 물건이 덮개 안에 있잖아요.
그래서 '안쪽'이라는 뜻이 생겼어요.

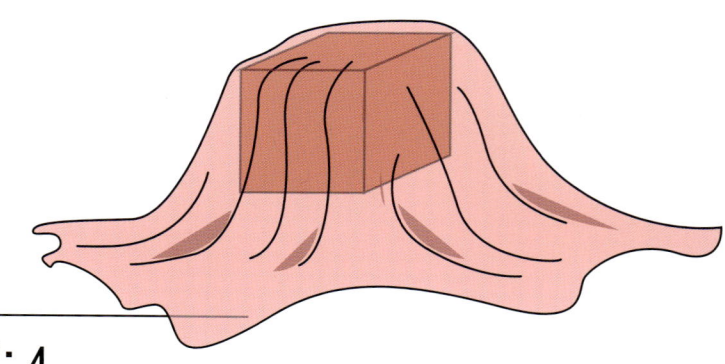

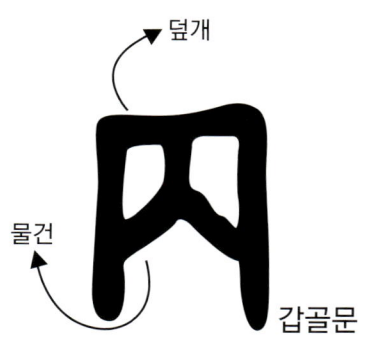

| 활용 | 內服(내복): 겉으로 보이지 않게 속에 입는 옷, 약을 먹는 것 |

內 內 內 內

대답할 답

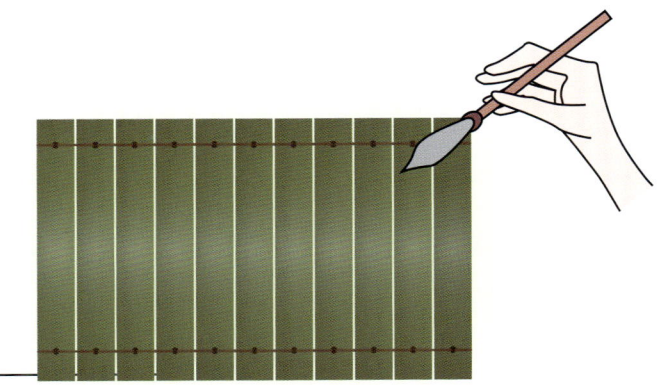

형성자 부수: 竹(대나무 죽) **총획:** 12

옛날에는 대나무를 사용해서 글을 썼어요.
그러니까 질문을 하면 대나무에다 답을 썼겠지요.
여기에서 '대답하다'는 뜻이 생겼어요.

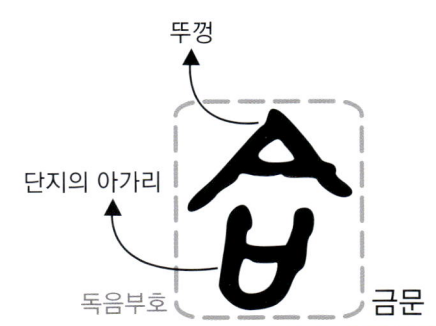

| 활용 | 答問(답문): 물음에 대답함 |

答 答 答 答 答 答 答 答 答 答 答 答

겨울 동

상형자   부수: 冫 (얼음 빙)   총획: 5

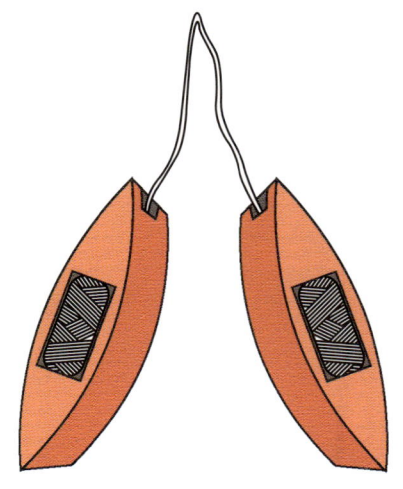

베틀 북은 실이 들어가 있는 통을 말해요.
그 베틀 북이 실로 양쪽 끝에 매달려 있는 모습이에요.
베틀 북으로 베를 짜거든요.
베를 짜는 계절이 바로 '겨울'이 된답니다.

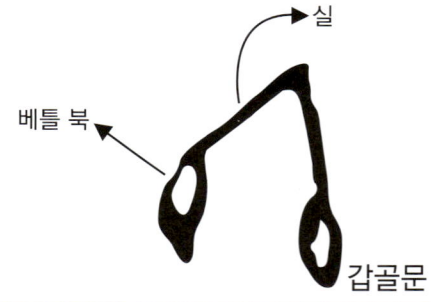

활용	冬期(동기): 겨울철, 겨울 동안

冬 冬 冬 冬 冬

動

움직일 동

형성자 　부수: 力(힘 력)　총획: 11

원래 '힘든 일을 열심히 한다'는 뜻이었어요.
금문을 보면 한쪽 눈이 찔린 남자 노예의 모습이 보여요.
옛날에는 전쟁 포로들의 한쪽 눈을 찔러서 힘을 못쓰게
만들었어요. 그 포로들을 이용해서 노동을 시켰지요.
포로들이 열심히 움직여서 일을 해서였을까요?
여기에서 '움직이다'는 뜻이 나왔어요.

| 활용 | 動向(동향): 사람들의 사고, 활동이나 일의 형세 따위가 움직여 가는 방향 |

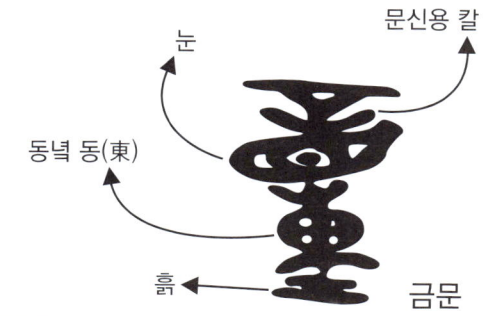

 힘 력

상형자　부수: 力(힘 력)　총획: 2

'쟁기'의 모습이에요.
사람이 '힘'을 써서 쟁기를 직접 끌었기 때문에 '힘'이라는 뜻이 생겼어요.

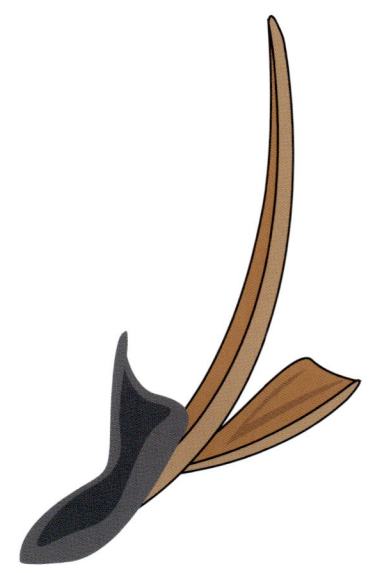

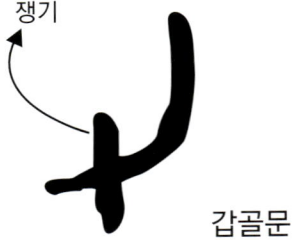
쟁기
갑골문

| 활용 | 主力(주력): 중심이 되는 힘 |

力 力

마을 리

| 회의자 | 부수: 里(마을 리) | 총획: 7 |

田(밭 전)과 土(흙 토)로 이루어져 있어요.
밭을 갈면서 살 수 있는 곳이 바로 '마을'이라는 뜻이에요.

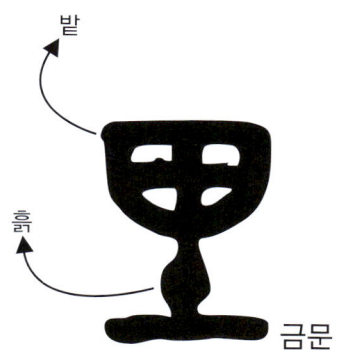

| 활용 | 鄕里(향리): ①고향의 마을 ②시골의 마을 |

問 물을 문

형성자   부수: 口(입 구)   총획: 11

문의 중간에 서서 '입으로 뭔가를 묻는' 모습이에요.
여기에서 '묻다'는 뜻이 생겼어요.

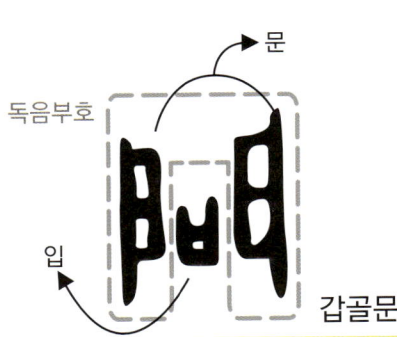

| 활용 | 問安(문안): 웃어른에게 안부를 여쭘 |

問 問 問 問 問 問 問 問 問 問 問

모 방

상형자　부수: 方(모 방)　총획: 4

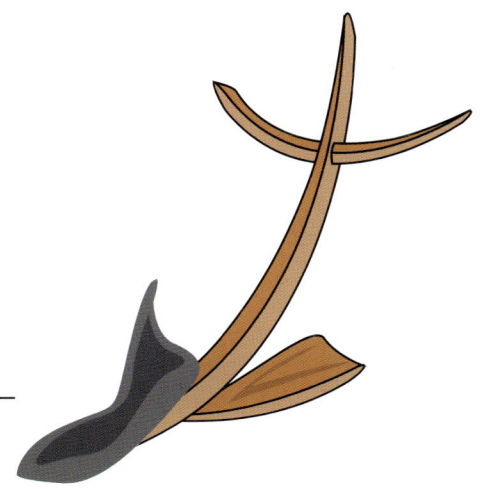

위는 손잡이, 중간은 발판, 아래는 갈라진 날을 그린 '쟁기'의 모습이에요. 그래서 원래의 뜻은 '쟁기'에요.
쟁기로 흙을 갈기 때문일까요?
옛날 사람들은 쟁기보다 흙을 더 중요하게 여겼어요.
흙은 '땅'을 상징하고, 옛날 사람들은 '땅'을 네모라고 생각했어요.
그래서 이후에 '네모'라는 뜻이 생겼답니다.

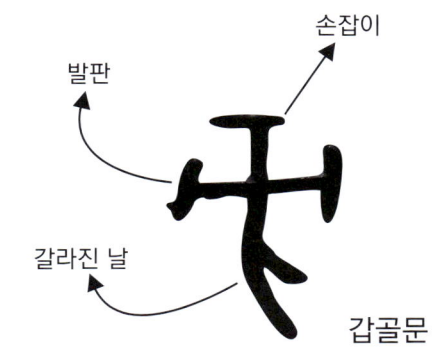

갑골문

| 활용 | 地方(지방): 서울 이외의 지역 |

方 方 方 方

算

셀 산

회의자　부수: 竹(대 죽)　총획: 14

눈으로 산가지를 보면서 두 손으로 숫자를 세는 모습이에요.
산가지는 대나무로 나타내었어요.
여기에서 '계산하다', '셈하다'는 뜻이 나왔어요.

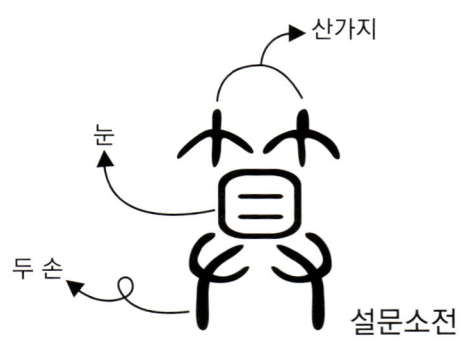

설문소전

| 활용 | 算數(산수): 기초적인 셈법, 또는 이를 가르치는 과목 |

算算算算算算算算算算算算算算

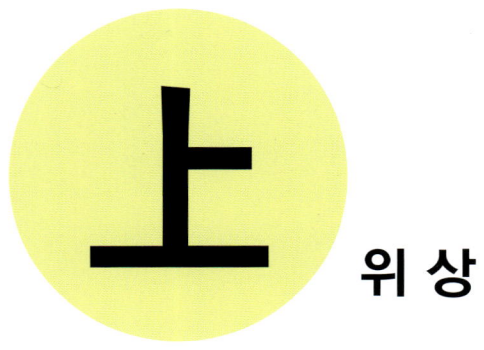 **위 상**

지사자 부수: 一(한 일) 총획: 3

2개의 획을 그린 모습이에요.
여기에서는 아래에 있는 획이 기준이 된답니다.
그렇다면 그 위에 있는 획은 무엇을 나타내는 걸까요?
바로 '위'라는 뜻을 나타내기 위해 있는 거예요.
그래서 '위쪽'이 원래 뜻이에요.

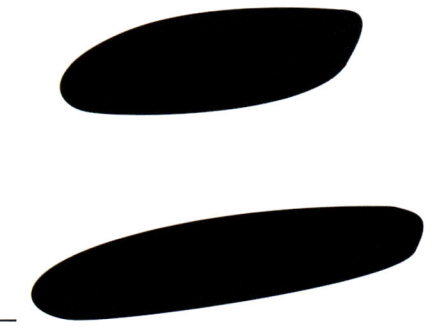

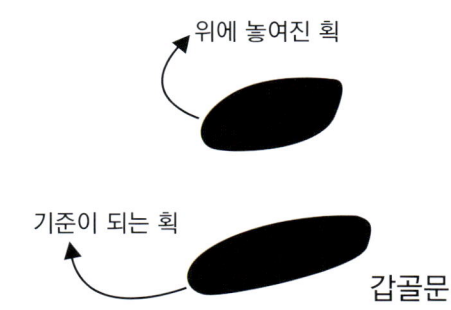
위에 놓여진 획
기준이 되는 획
갑골문

| 활용 | 上空(상공): 높은 하늘 |

世

대 세

상형자 　부수: 一(한 일) 　총획: 5

세 가닥의 줄에 매듭을 지어 놓은 모습이에요.
이후에 '세대(世代)'를 나타내게 되었어요.
그런데 참 재밌는 게, 한 세대를 의미하는 기간이 보통 30년이에요.
세 가닥의 줄과 30년, 관련이 있어 보이지 않나요?

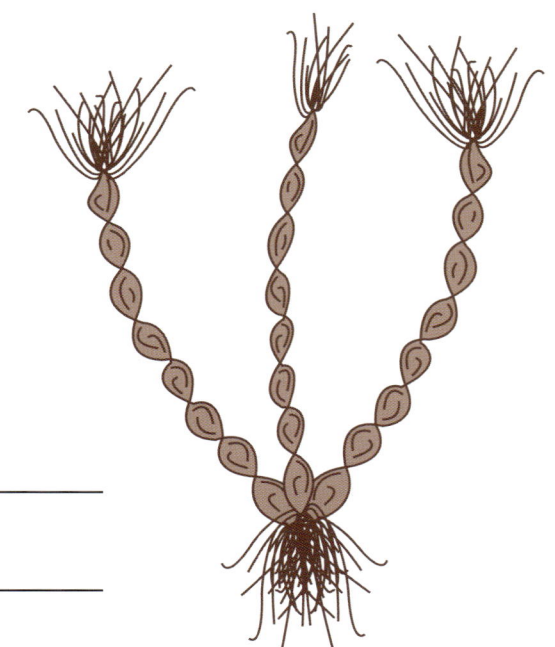

세 가닥의 줄

금문

| 활용 | 出世(출세): 사회적으로 높이 되거나 유명해짐 |

所

바 소

회의자　부수: 戶(지게 호)　총획: 8

옛날에는 도끼가 엄청 중요한 도구였어요.
밖에 나가 사냥을 하거나 나무를 벨 때 꼭 필요했기 때문이에요.
그래서 옛날 사람들은 도끼가 놓인 곳이 바로 사람이 '머무는 곳'
이라고 생각했어요.
이후에 '~하는 곳'이라는 뜻이 생겼어요.

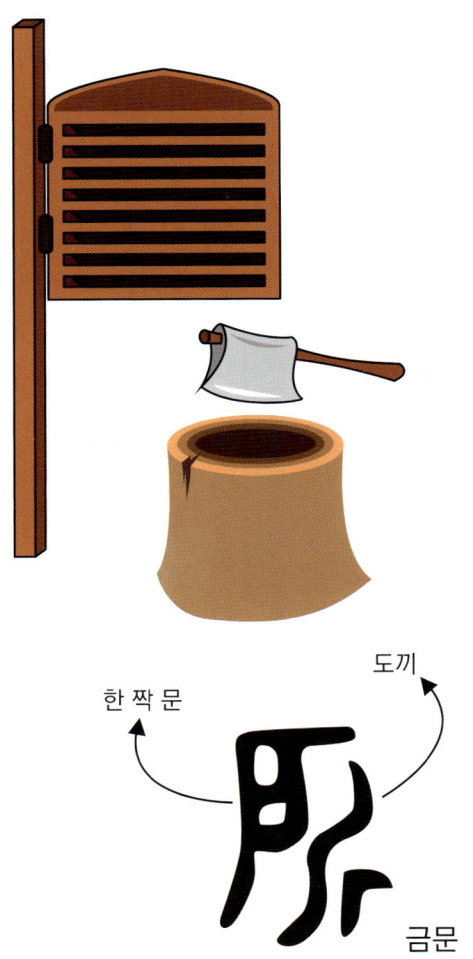

활용　所信(소신): 어떤 일을 함에 있어서, 옳다고 믿고 그에 따라 하려고 하는 생각

所 所 所 所 所 所 所 所

 **적을 소**

지사자 부수: 小(작을 소) 총획: 4

작은 점을 네 개 그린 모습이에요.
小(작을 소)는 갑골문에 점이 3개예요.
少(적을 소)는 점이 4개인데, 小(작을 소)에서 분화한 글자로,
'적다'는 뜻을 나타낸답니다.

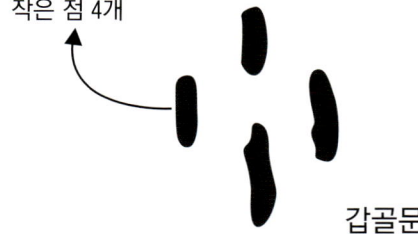

작은 점 4개

갑골문

활용 少年(소년): 아직 완전히 성숙하지 아니한 어린 사내아이

少 少 少 少

저자 시

회의자 부수: 巾(수건 건) 총획: 5

현대 한자에 巾(수건 건)이 들어가 있는 것은 시장이 서는 장소를 나타내기 위한 표지예요.
즉, 수건이 아니라 깃발을 의미하지요.
그래서 '시장'을 뜻한답니다.

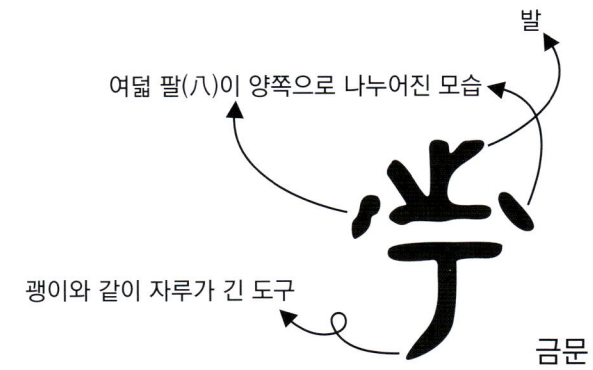

여덟 팔(八)이 양쪽으로 나누어진 모습 — 발
괭이와 같이 자루가 긴 도구
금문

| 활용 | 市民(시민): 도시의 주민 |

食

밥 식 / 먹일 사

상형자   부수: 食(밥 식)   총획: 9

위는 그릇의 뚜껑이고, 아래는 그릇의 모습이에요.
그릇에 담긴 것은 당연히 음식이겠지요?
그래서 '음식'이 원래 뜻이에요.
여기에서 '먹다', '밥'이라는 뜻이 생겼어요.

활용   食事(식사): 음식을 먹는 일 또는 그 음식

食 食 食 食 食 食 食 食 食

편안할 안

회의자　부수: 宀(집 면)　총획: 6

집 안에서 편하게 앉아 있는 여자의 모습이에요.
옛날에는 집 밖이 지금보다 훨씬 위험했어요.
그래서 여자가 집 안에 있으면 '안전하다', '편안하다'고
느꼈던 것 같아요.

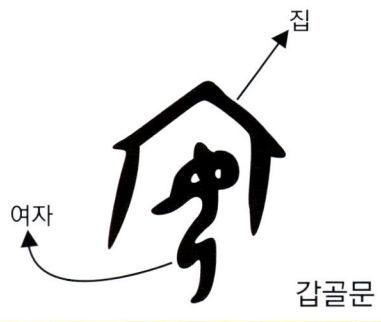

| 활용 | 便安(편안): 괴롭거나 힘들거나 하지 않고 편하여 좋음 |

安 安 安 安 安 安

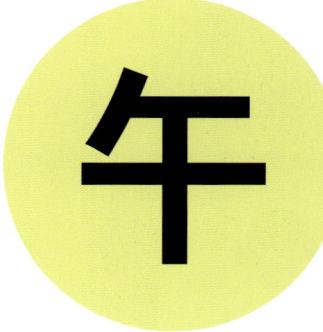

일곱째 지지 오

상형자　부수: 十(열 **십**)　총획: 4

절굿공이의 모습이에요.
절굿공이는 절구 속에 곡식을 넣고 찧을 때 사용하는 도구예요.
그런데 이 글자는 이후에 7번째 간지자를 나타내게 되었어요.

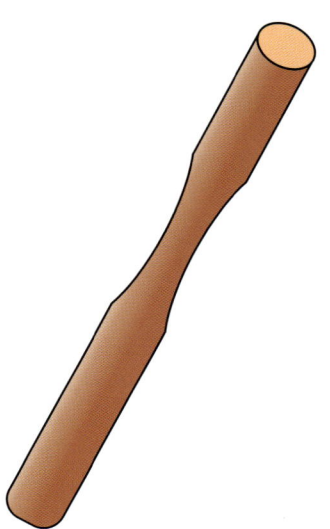

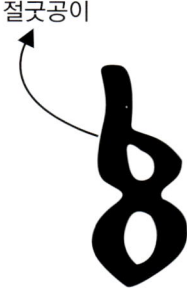

절굿공이

갑골문

| 활용 | 正午(정오): 낮 열두시 |

午 午 午 午

글자 자

형성자 부수: 子(아들 자)   총획: 6

집 안에 아이가 있는 모습이에요.
집 안에서 아이를 키우니까, 여기에서 '키우다'의 뜻이 생겼어요.
또 '글자'라는 뜻이 생겼어요. 왜 이 뜻이 생겼는지 알아요?
아이가 계속 태어나듯 글자도 계속 늘어가기 때문이에요.

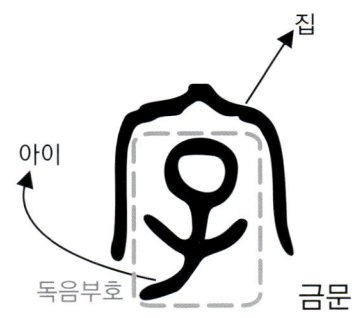

| 활용 | 漢字(한자): 중국에서 만들어 오늘날에도 쓰고 있는 문자 |

완전할 전

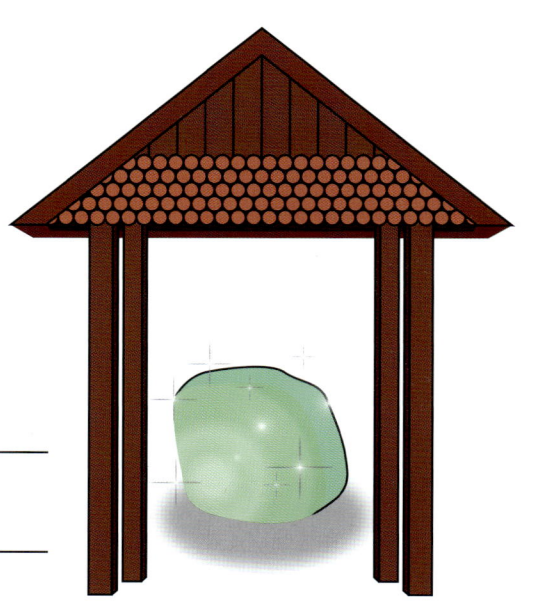

회의자 부수: 入(들 입) 총획: 6

집안에 옥이 들어있는 모습이에요.
옥은 깨지면 그 가치가 떨어져요.
집 안으로 들여 온전한 모습으로 있어야만 그 가치가 있답니다.
여기에서 '온전하다', '완전하다'는 뜻이 생겼어요.

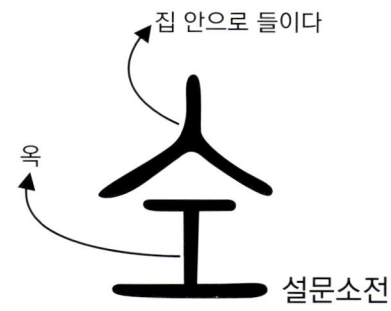

| 활용 | 全國(전국): 한 나라의 전체, 온 나라 |

바를 정

회의자　부수: 止(그칠 지)　총획: 5

위는 성, 아래는 발의 모습이에요.
바로 '전쟁에서 성을 치러 가는 모습'을 그린 거랍니다.
전쟁을 할 때는 옛날부터 정당한 이유가 필요했어요.
그래서 여기에서 '정의롭다'는 뜻이 생긴 거예요.
이런 '정의로운' 이유로 전쟁을 한 거랍니다.

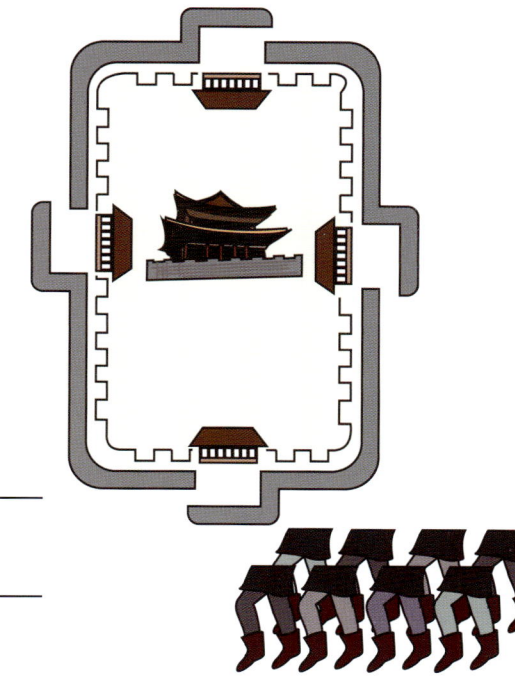

성을 치러 가는 군사들의 발　성

갑골문

| 활용 | 正直(정직): 거짓이나 꾸밈이 없이 성품이 바르고 곧음 |

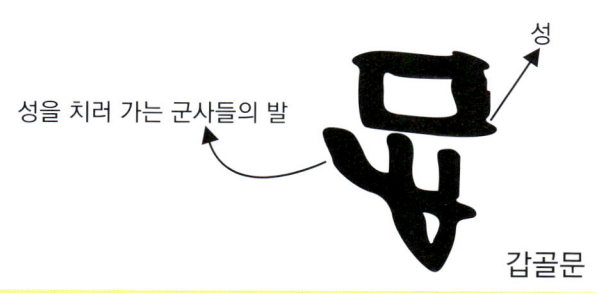

조상 조

형성자　부수: 示(보일 시)　총획: 10

남자조상에게 제사를 지내는 모습이에요.
여기에서 '조상'이라는 뜻이 생겼어요.

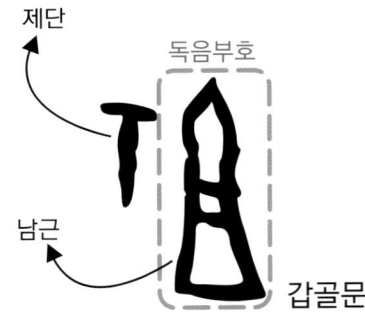

| 활용 | 祖國(조국): 자기가 난 나라 |

祖 祖 祖 祖 祖 祖 祖 祖 祖 祖

주인 주

상형자 부수: 丶 (점 주) 총획: 5

등잔대, 등잔 받침, 불꽃 심지의 모습이에요.
즉, 오른쪽의 그림과 같은 모습이지요.
자신을 불태워 주위를 밝히는 존재라는 뜻에서
'주인', '핵심'이라는 뜻이 생겼답니다.

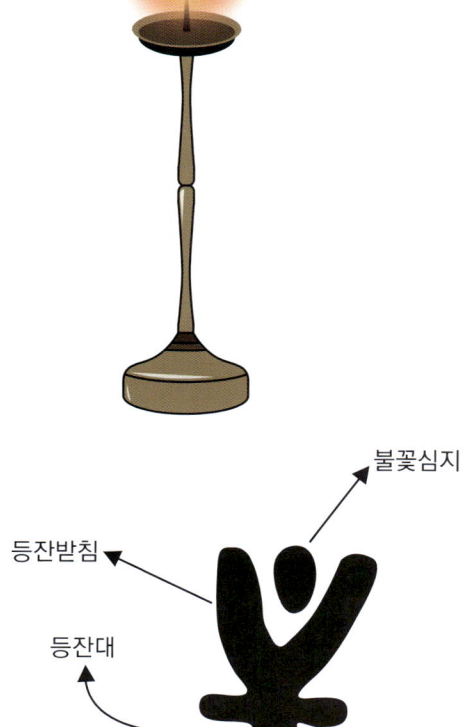

| 활용 | 主人(주인): 한 집안의 책임자, 물건의 임자 |

무거울 중

형성자   부수: 里(마을 리)   총획: 9

'노예들이 하는 힘든 일'을 말해요.
여기에서 '무겁다', '힘들다'라는 뜻이 생겼어요.

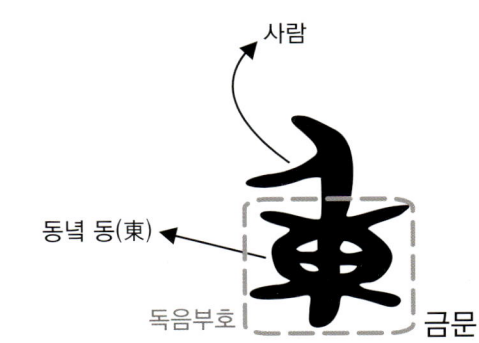

활용 重大(중대): 가볍게 여길 수 없을 만큼 매우 중요하고 큼

重 重 重 重 重 重 重 重 重

 **종이 지**

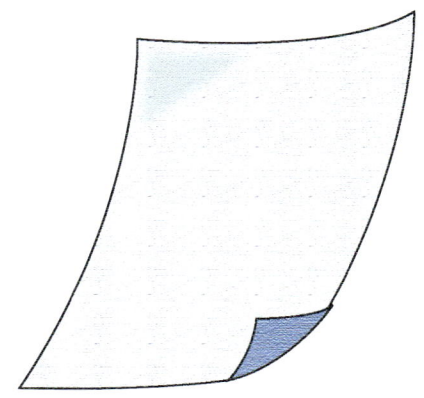

형성자 부수: 糸(가는실 멱) 총획: 10

실(糸) 등을 침전시켜(氏) '종이'를 만드는 거 아세요?
이 글자는 바로 '종이'를 뜻한답니다.

| 활용 | 休紙(휴지): 못 쓰게 된 종이 |

紙 紙 紙 紙 紙 紙 紙 紙 紙 紙

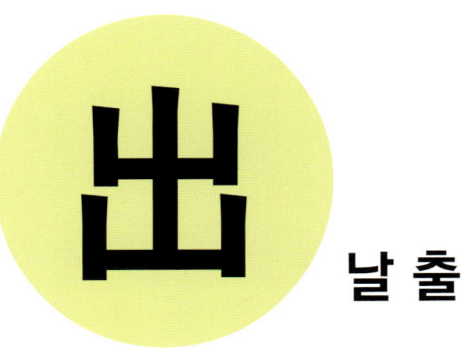 날 출

회의자　부수: ㄩ(입 벌릴 감)　총획: 5

반 지하 같은 움집과 발을 그린 모습이에요.
집에서 나가는 동작을 나타내요.
여기에서 '나가다'는 뜻이 생겼답니다.

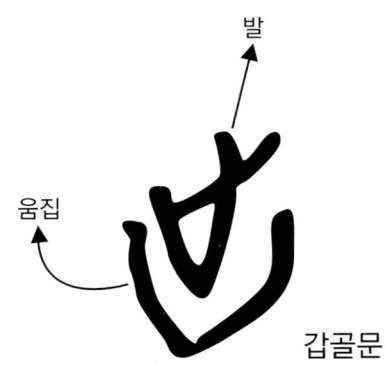

발
움집
갑골문

활용　出發(출발): 길을 떠남, 일을 시작하여 나감

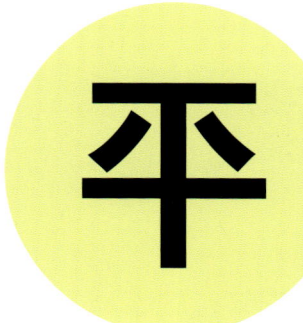

평평할 평

상형자　부수: 干(방패 간)　총획: 5

저울의 모습이라는 말이 있어요.
저울은 양 쪽의 끈에 달려 있는 접시가 평형을 이루어야
정확한 무게를 잴 수 있잖아요.
그래서 '평평하다'가 원래 뜻이랍니다.
여기에서 '공평하다', '안정되다'는 뜻이 나왔어요.

저울

금문

| 활용 | 平面(평면): 평평한 표면 |

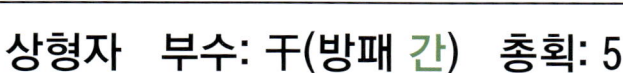

아래 하

지사자　부수: 一(한 일)　총획: 3

가로획 두 개를 그린 모습이에요.
하나의 가로획이 다른 가로획의 '아래'에 있다는 것을 나타내요.

 ← 기준이 되는 가로 획

기준이 되는 가로 획의 아래에 있음을 표시 →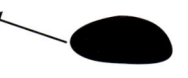

갑골문

활용　下校(하교): 공부를 끝내고 학교에서 집으로 돌아옴

歌	歌	歌		
노래 가				

(금문)	(금문)	(금문)		
노래 가 금문				

家	家	家		
집 가				

(갑골문)	(갑골문)	(갑골문)		
집 가 갑골문				

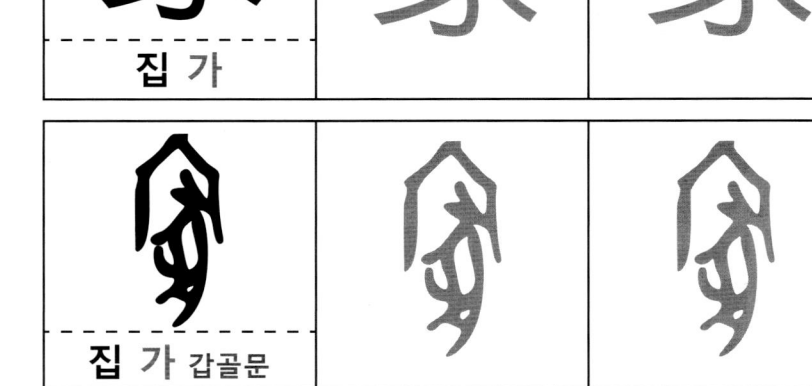

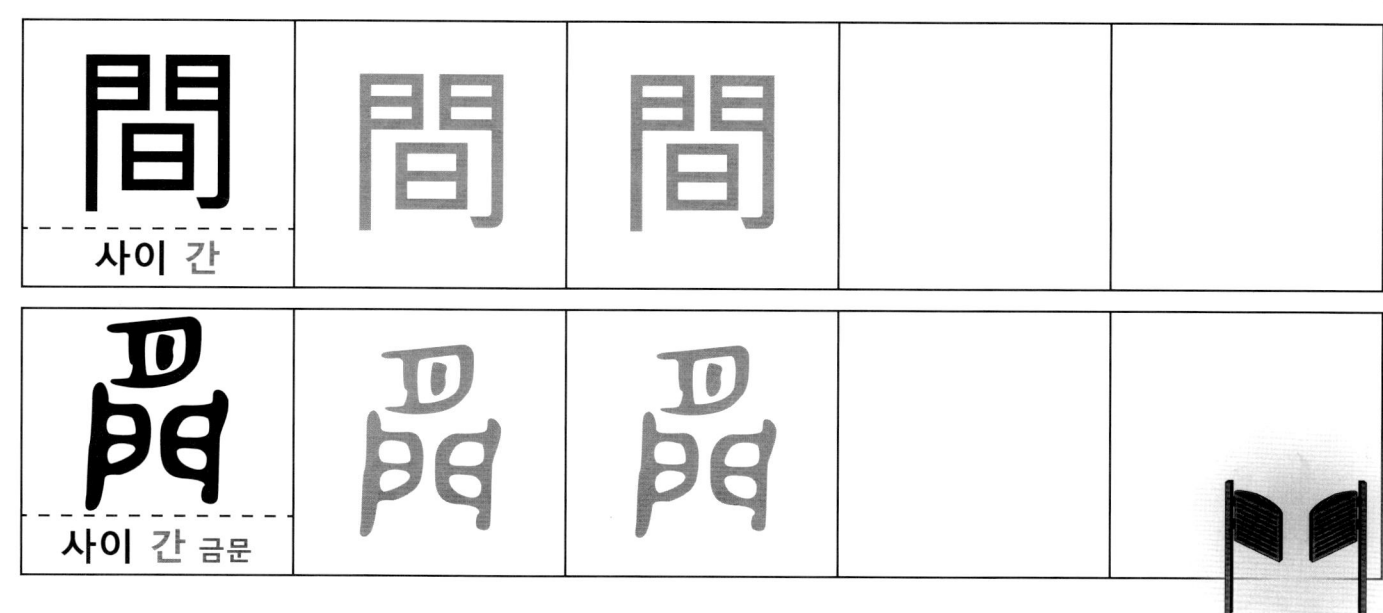

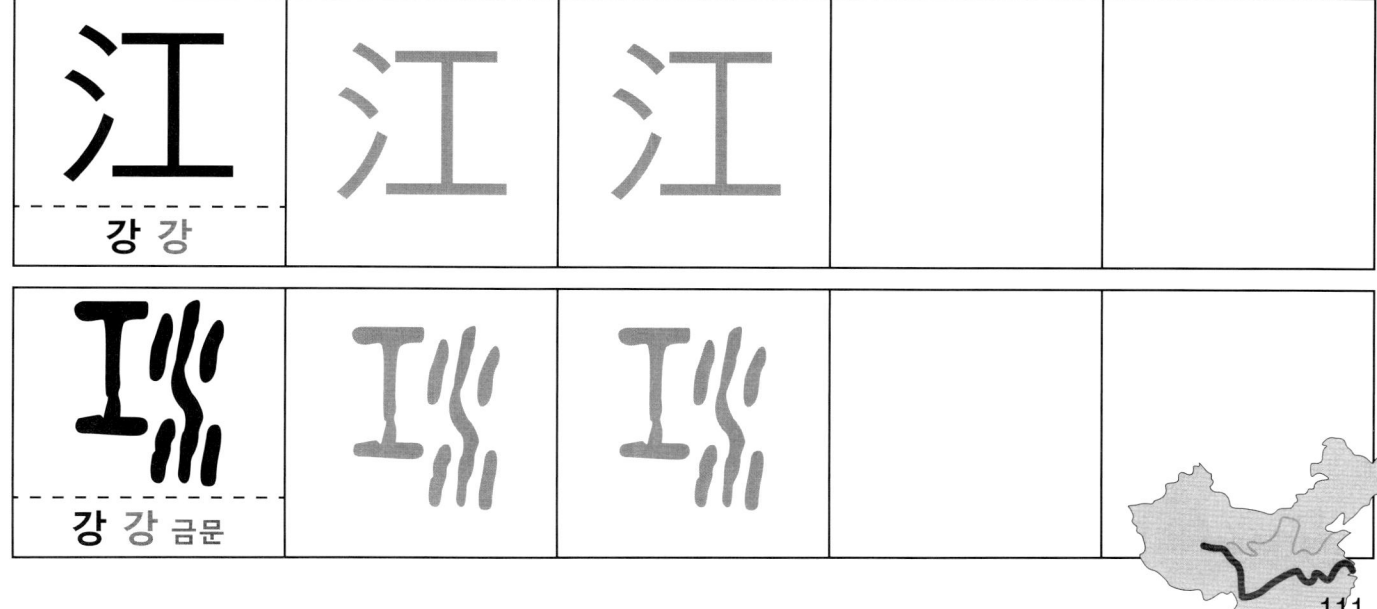

車	車	車		
수레 거				

수레 거 갑골문				

空	空	空		
빌 공				

빌 공 갑골문				

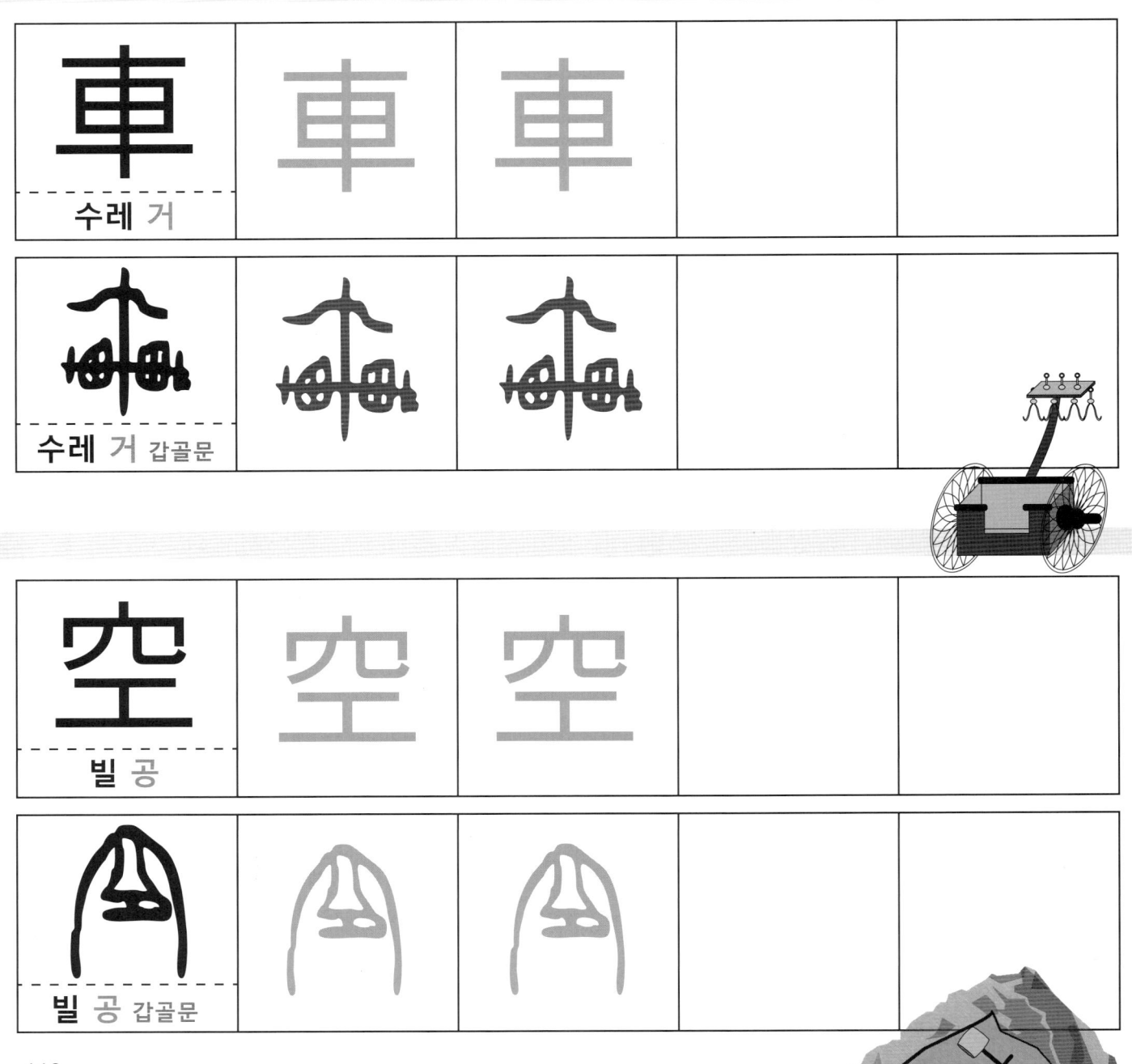

工	工	工		
장인 공				

占	占	占		
장인 공 갑골문				

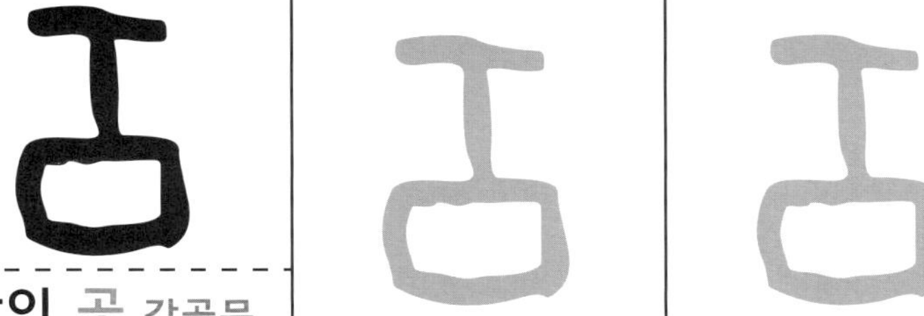

口	口	口		
입 구				

凵	凵	凵		
입 구 갑골문				

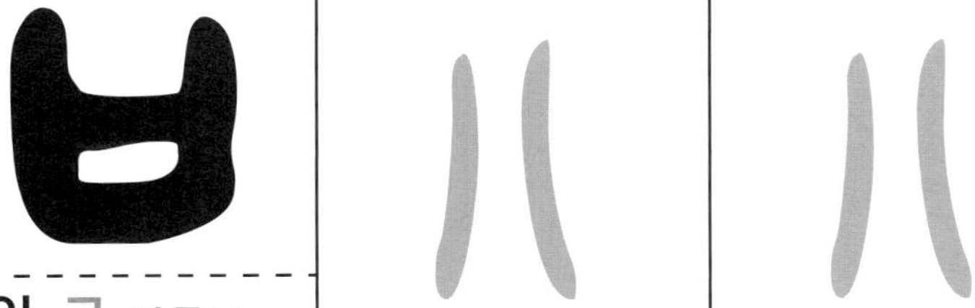

旗	旗	旗		
기 기				

旗(소전)	旗(소전)	旗(소전)		
기 기 소전				

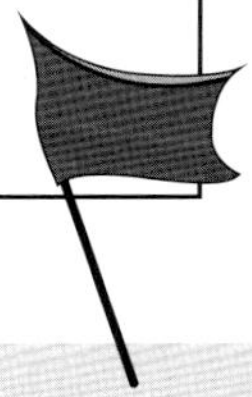

記	記	記		
기록할 기				

記(소전)	記(소전)	記(소전)		
기록할 기 소전				

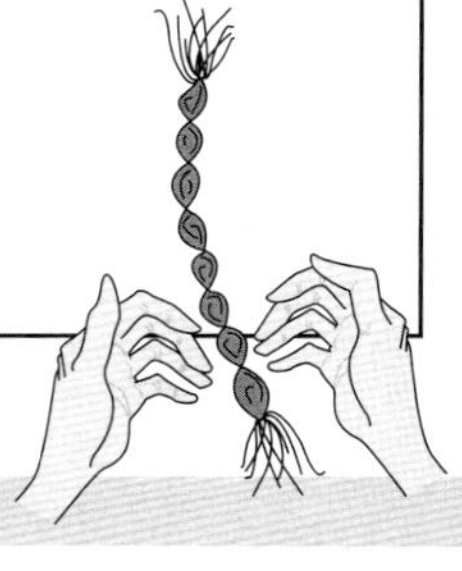

氣
기운 기

氣 소전
기운 기

男
사내 남

男 갑골문
사내 남

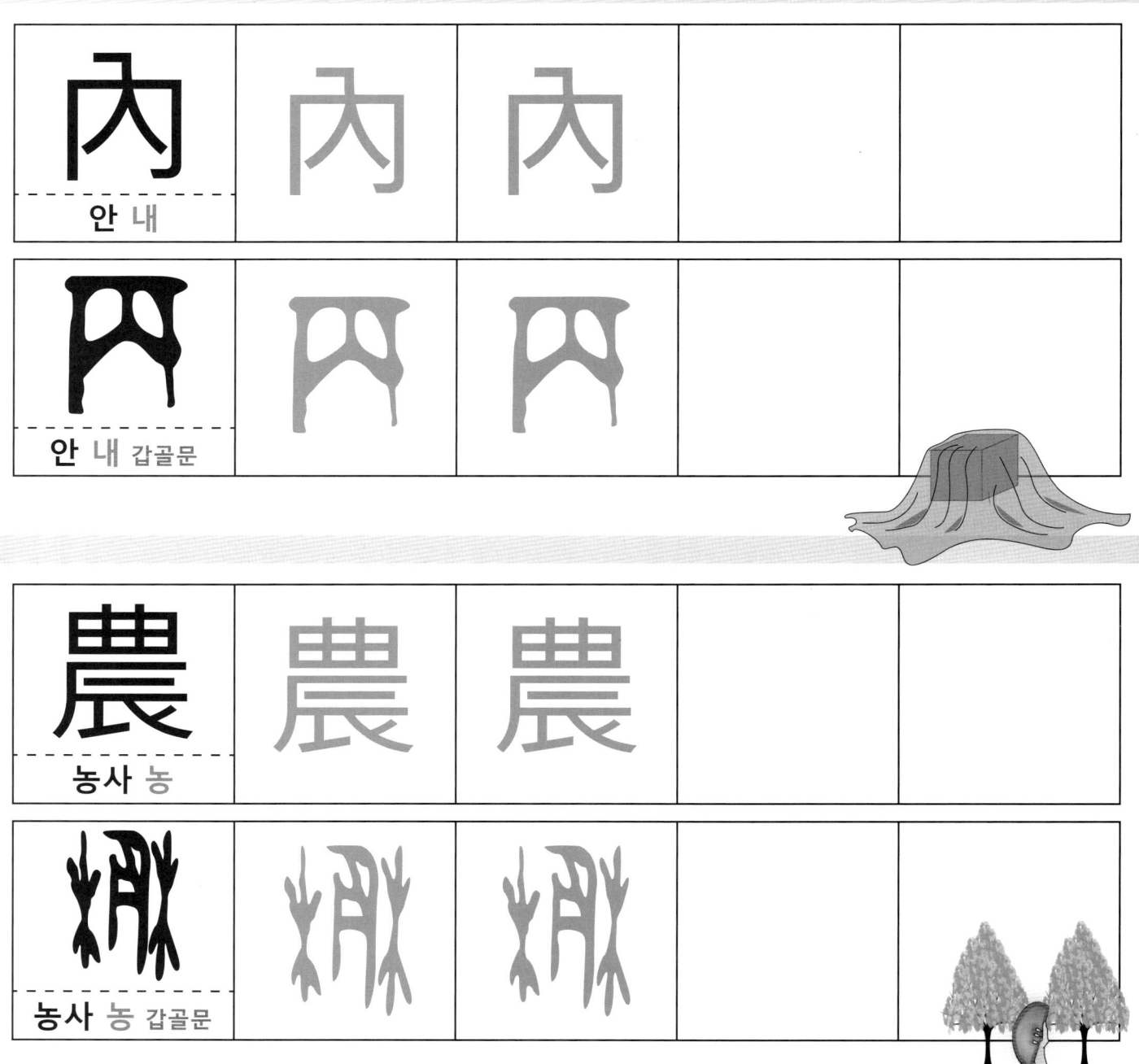

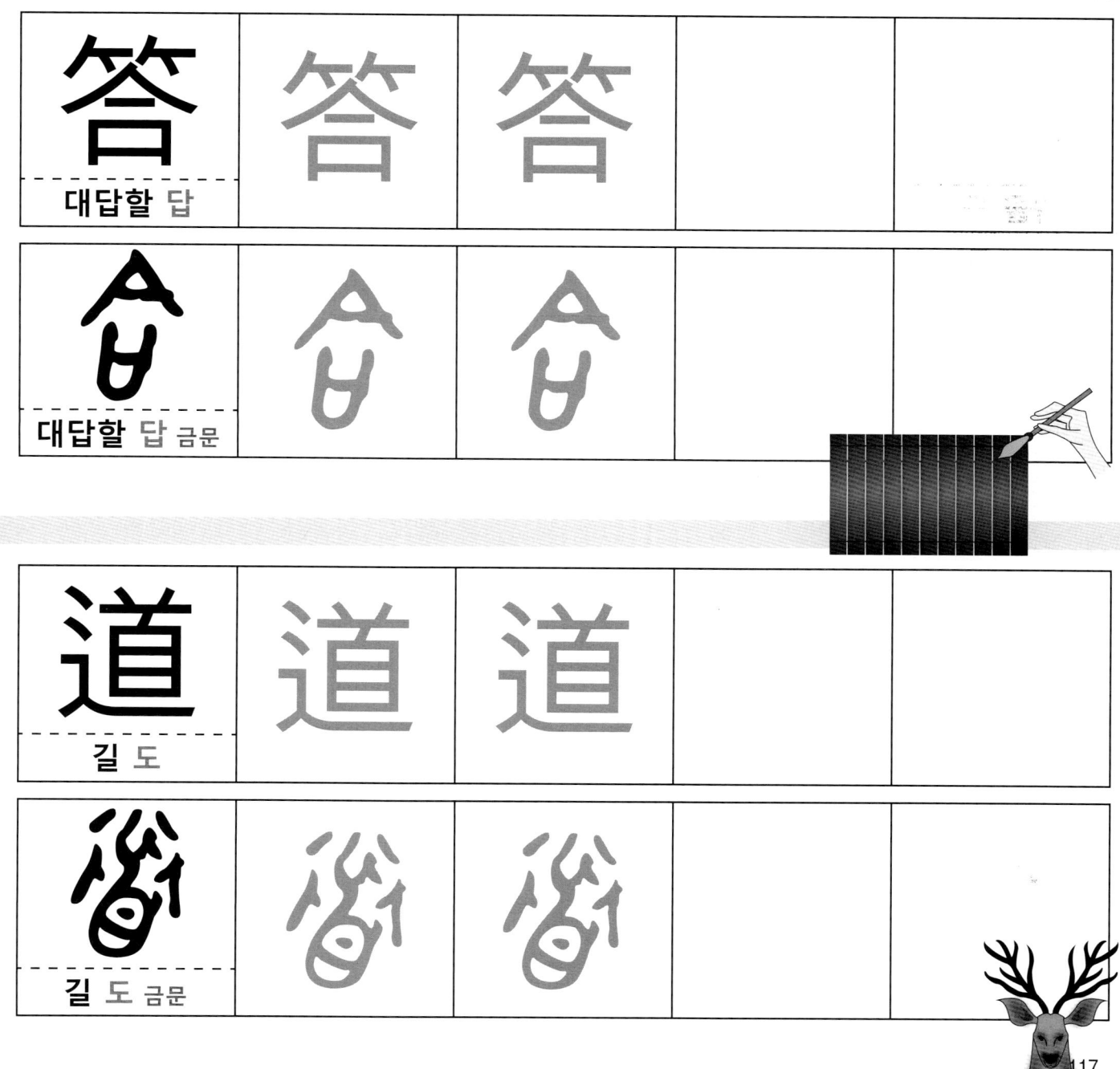

冬	冬	冬		
겨울 동				

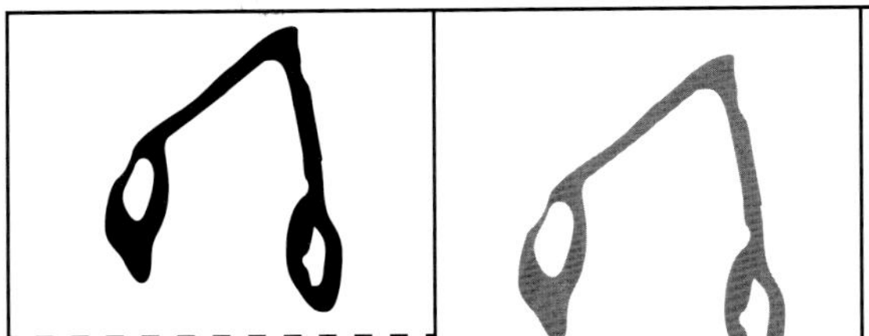

겨울 동 갑골문				

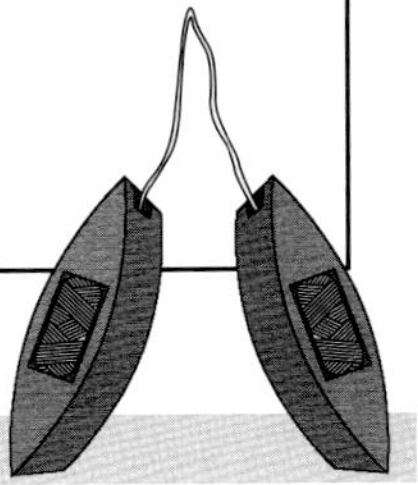

洞	洞	洞		
골 동				

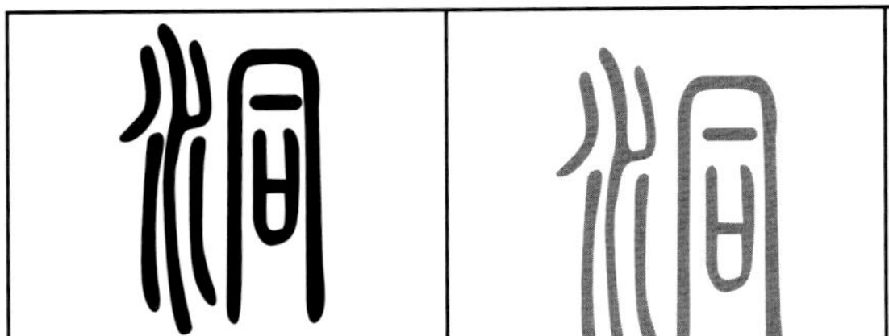

골 동 소전				

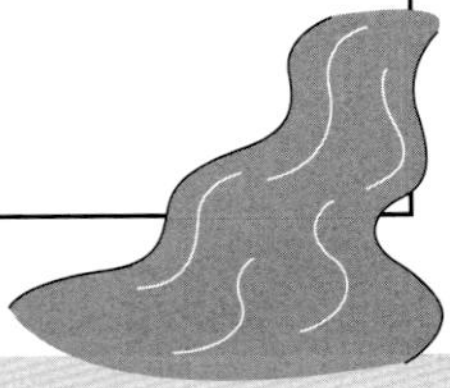

動	動	動		
움직일 동				

움직일 동 금문				

同	同	同		
한가지 동				

한가지 동 갑골문				

力
힘 력

힘 력 갑골문

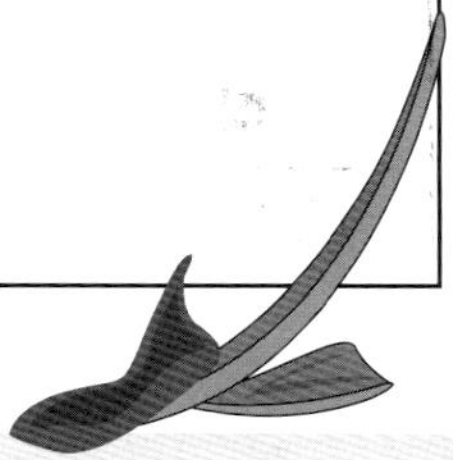

老
늙을 로

늙을 로 갑골문

里	里	里		
마을 리				

里 (금문)	里	里		
마을 리 금문				

林	林	林		
수풀 림				

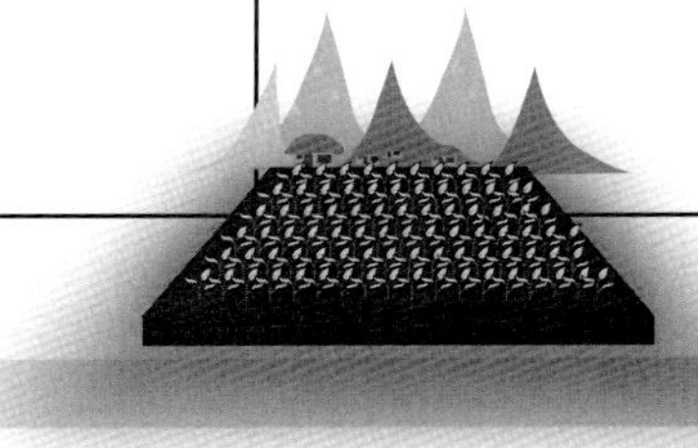

林 (갑골문)	林	林		
수풀 림 갑골문				

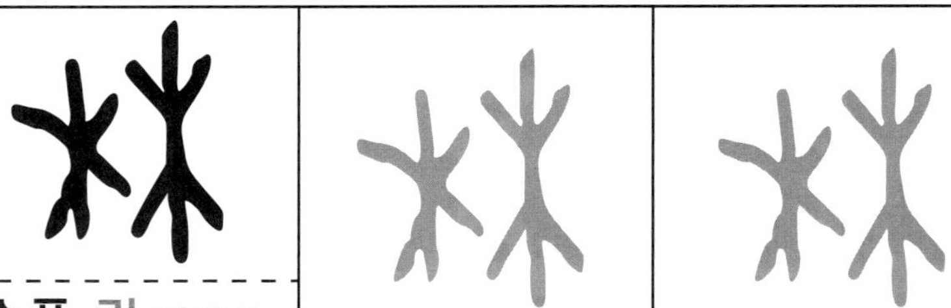

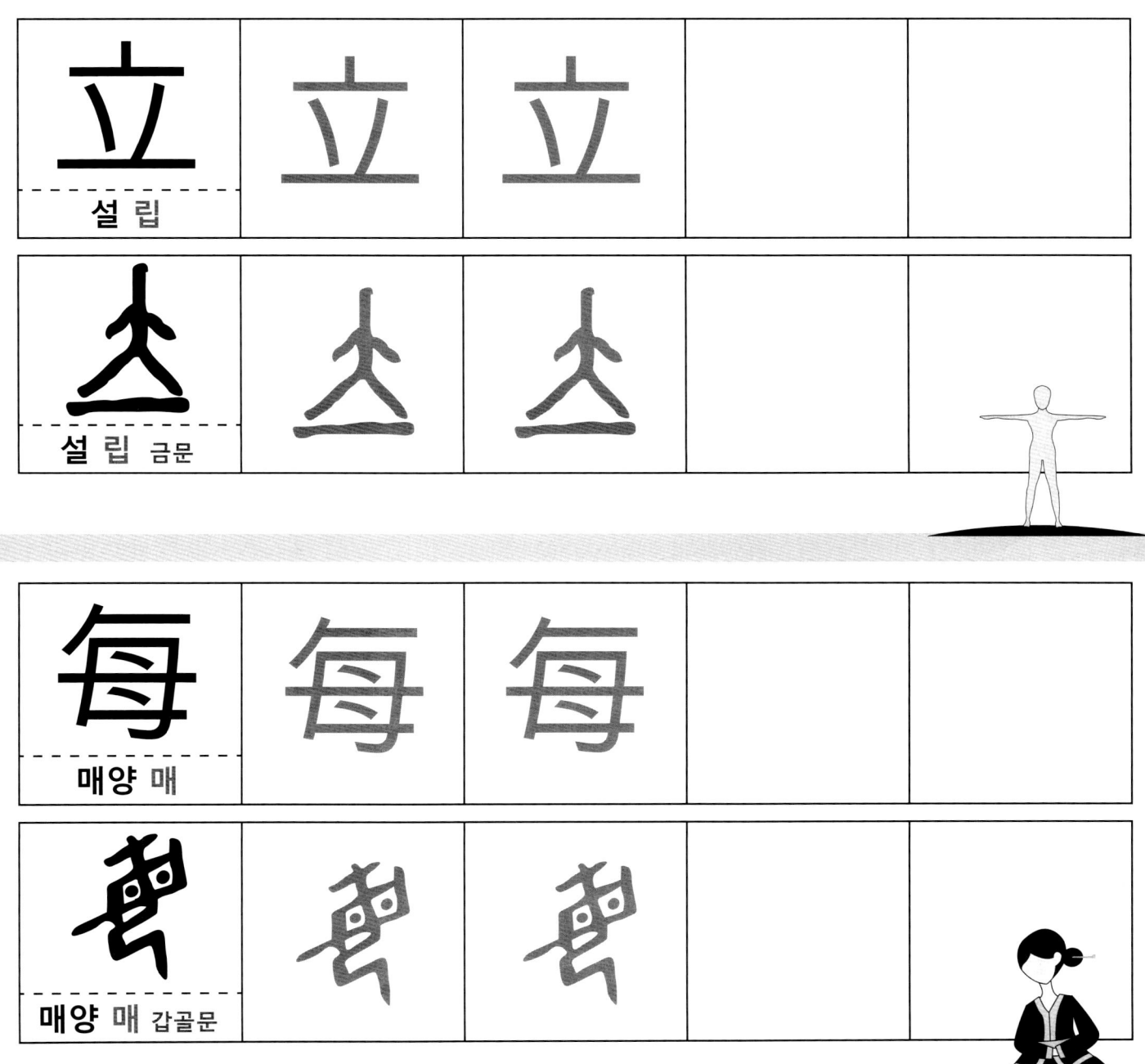

面	面	面		
얼굴 면				

⾯(소전)	⾯	⾯		
얼굴 면 소전				

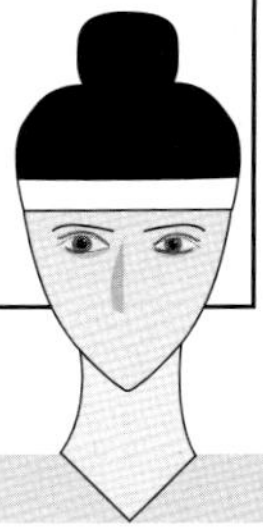

命	命	命		
목숨 명				

목숨 명 갑골문				

名	名	名		
이름 명				

) (日	) (日	) (日		
 이름 명 갑골문				

文	文	文		
무늬 문				

文	文	文		
 무늬 문 갑골문				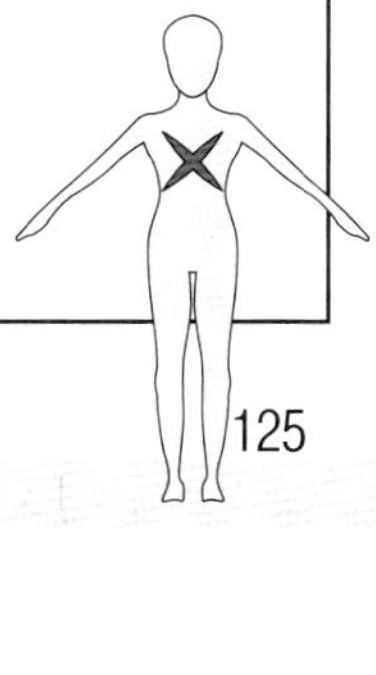

125

問	問	問		
물을 문				

ㅂ먀	ㅂ먀	ㅂ먀		
 물을 문 갑골문				

物	物	物		
만물 물				

牞	牞	牞		
 만물 물 갑골문				

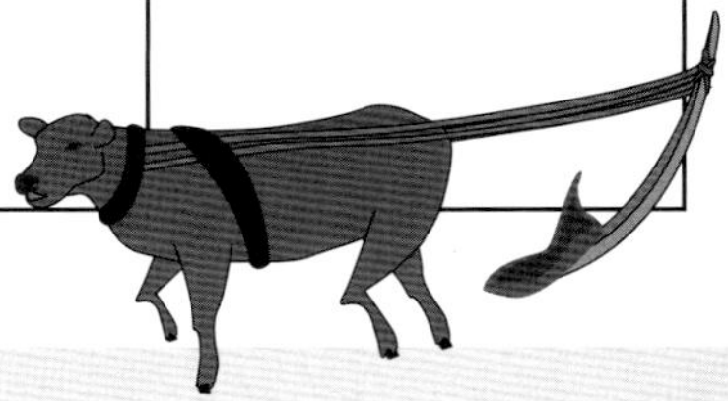

方	方	方		
모 방				

𤰔	𤰔	𤰔		
모 방 갑골문				

百	百	百		
일백 백				

百	百	百		
일백 백 갑골문				

不 아닐 불	不	不		
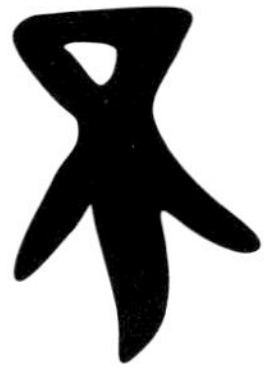 아닐 불 갑골문				

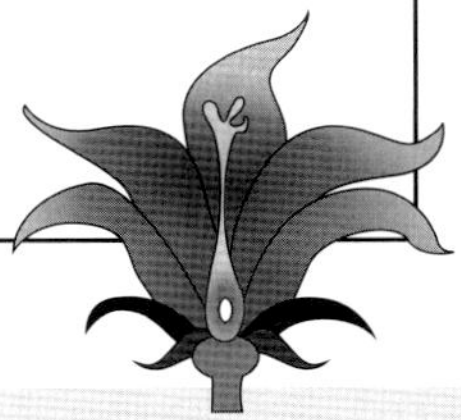

夫 지아비 부	夫	夫		
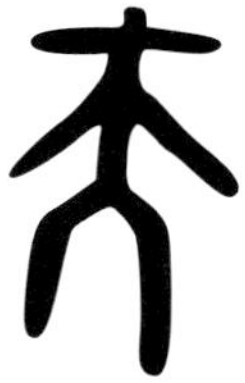 지아비 부 갑골문				

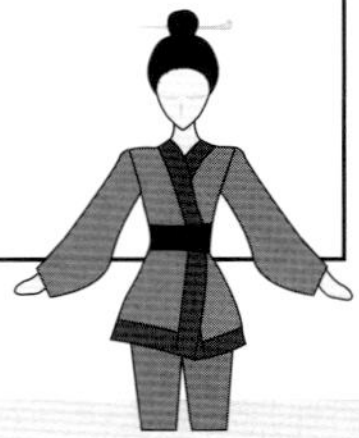

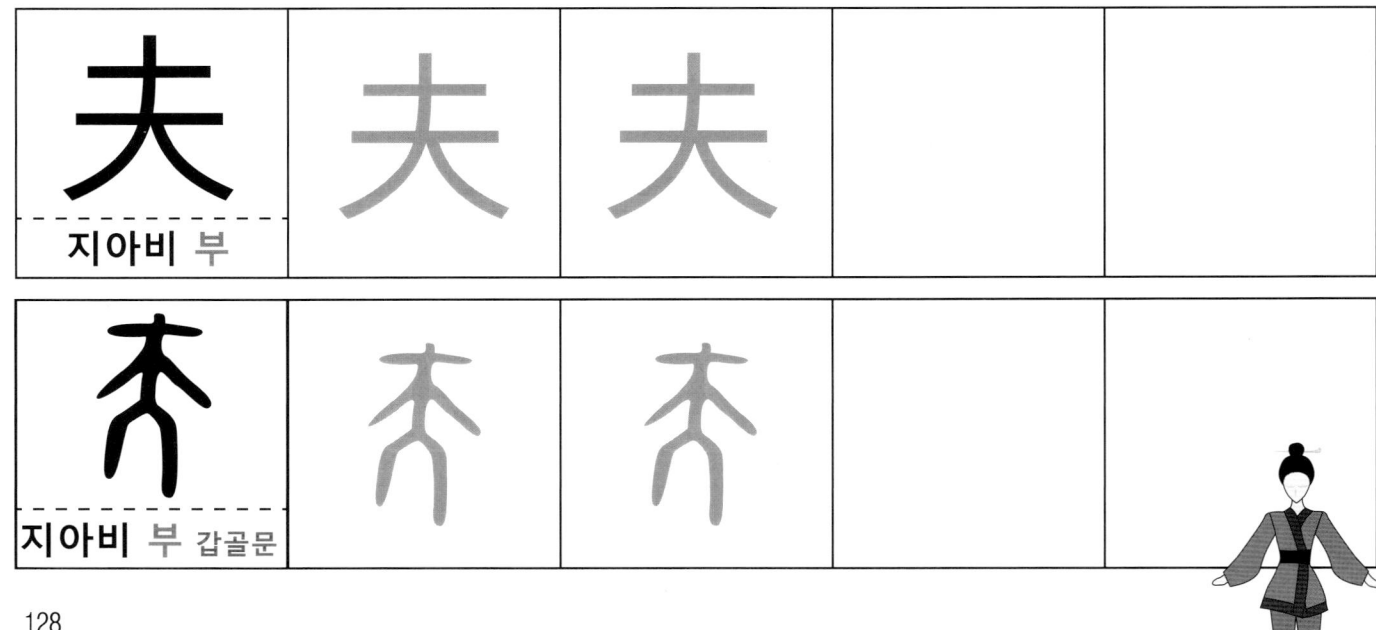

事	事	事		
일 사				

|  일 사 갑골문 | | | | |

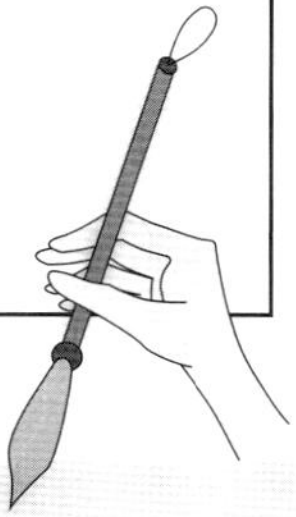

算	算	算		
셀 산				

| 셀 산 소전 | | | | |

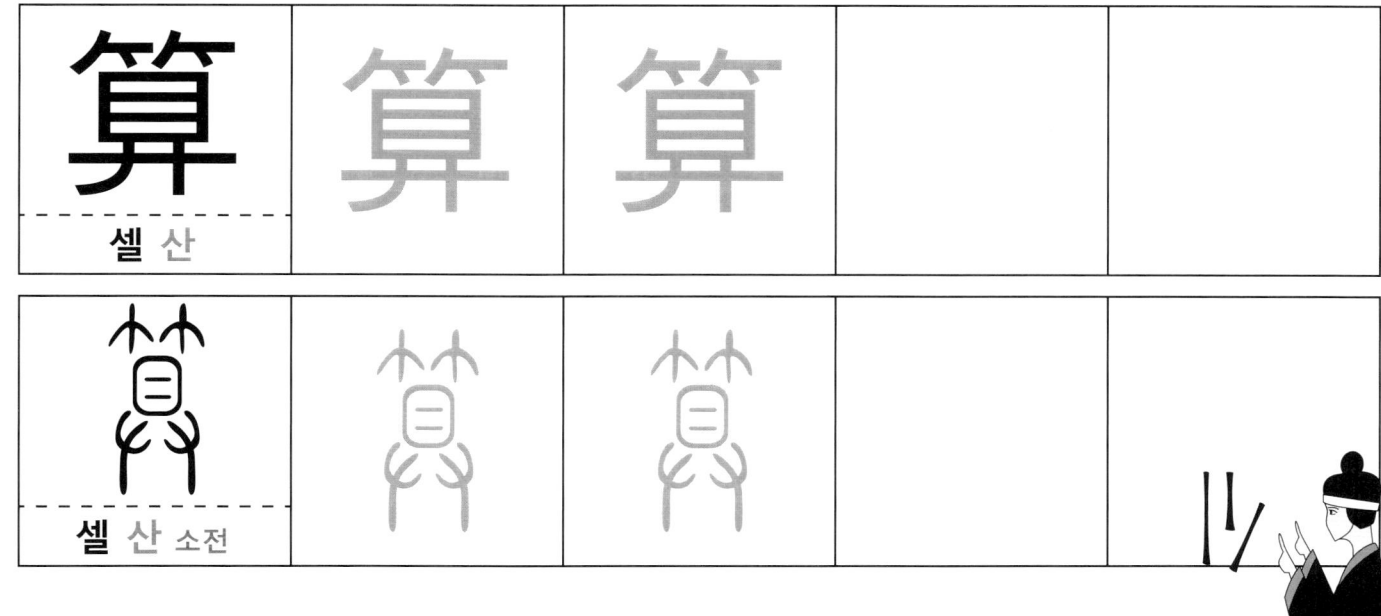

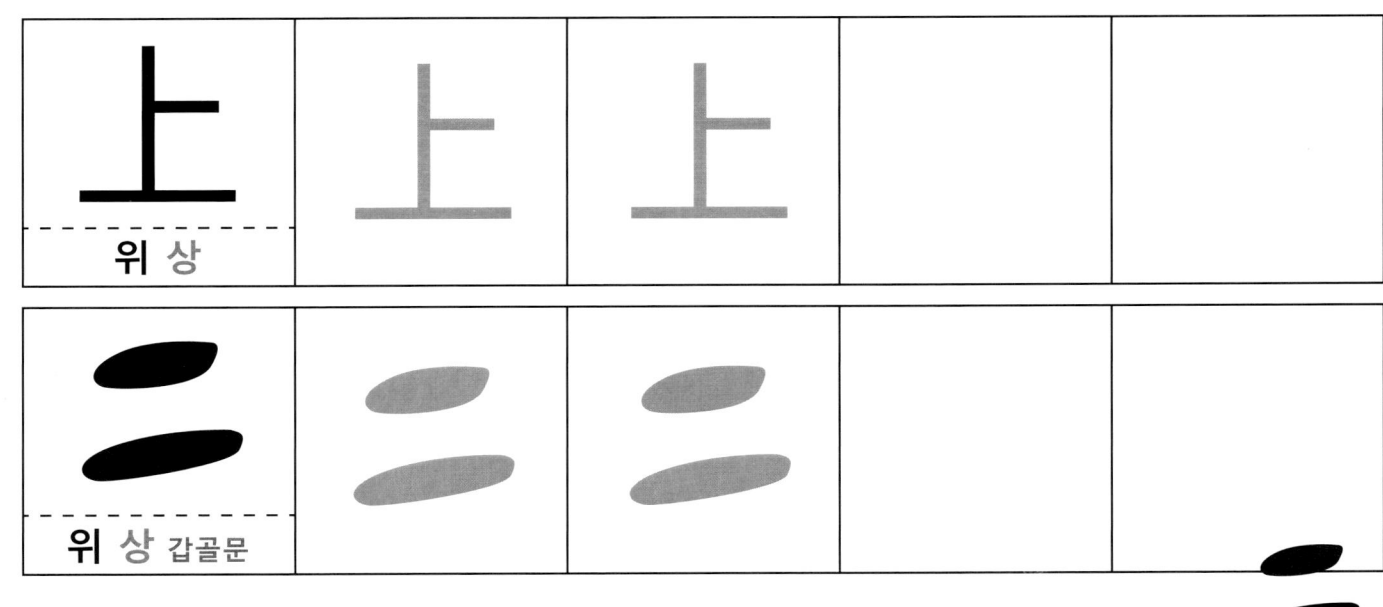

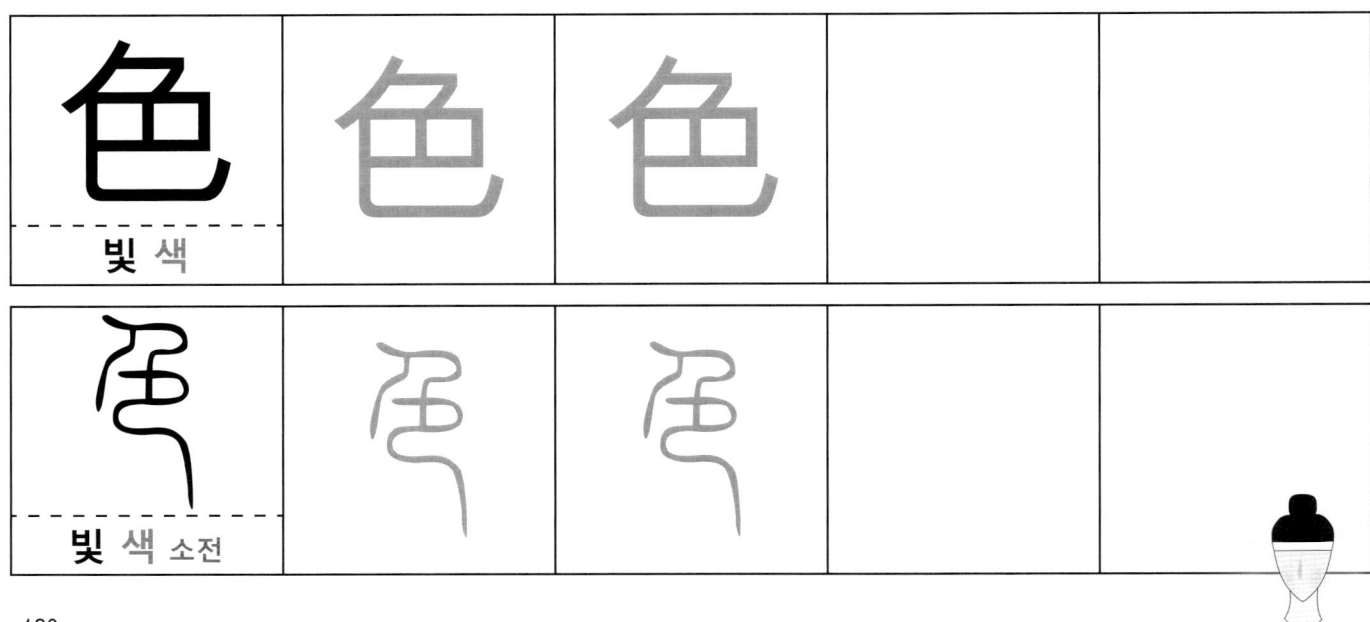

夕
저녁 석

夕 갑골문
저녁 석 갑골문

姓
성 성

姓 갑골문
성 성 갑골문

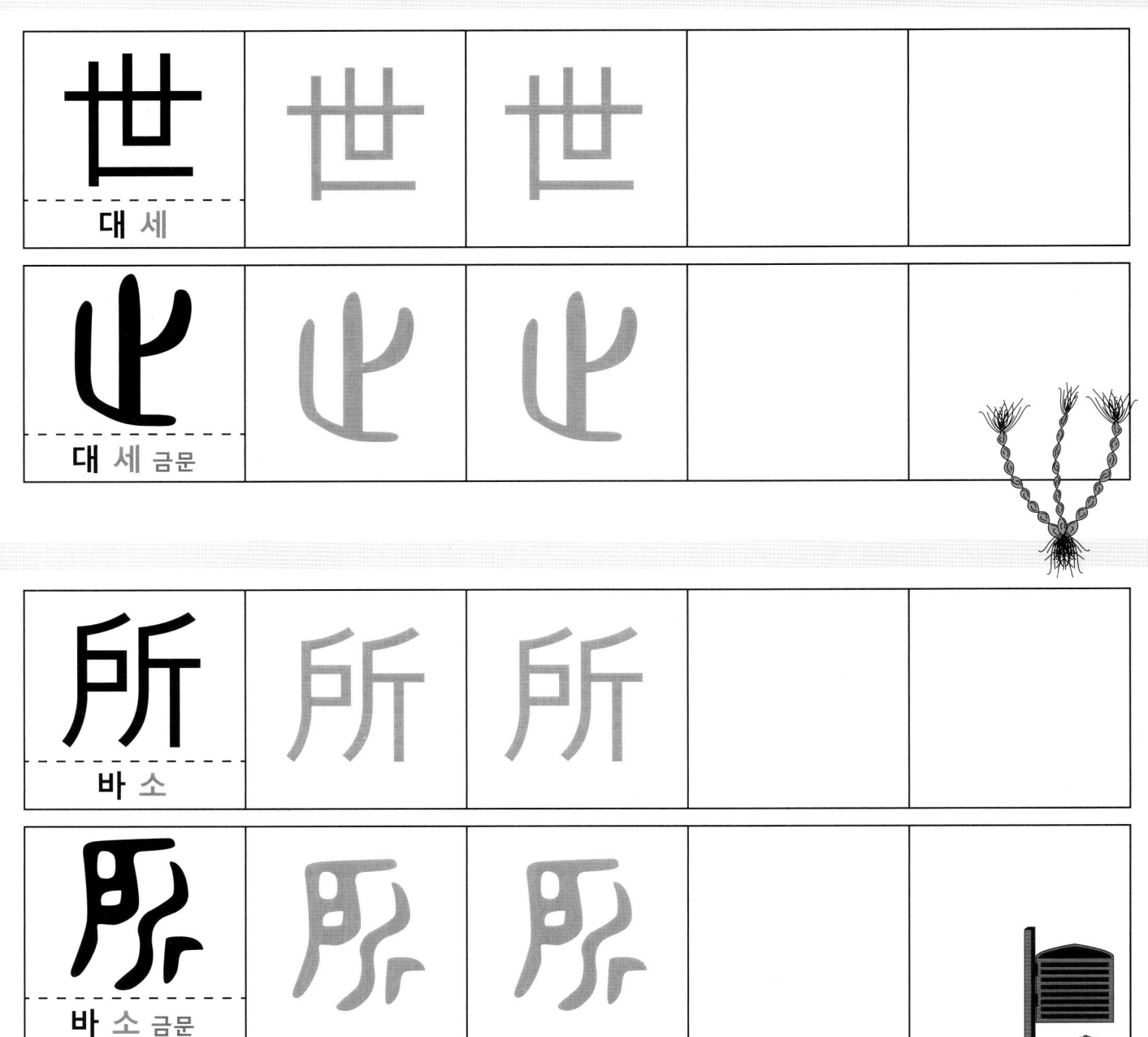

世 대세

世 대세 금문

所 바소

所 바소 금문

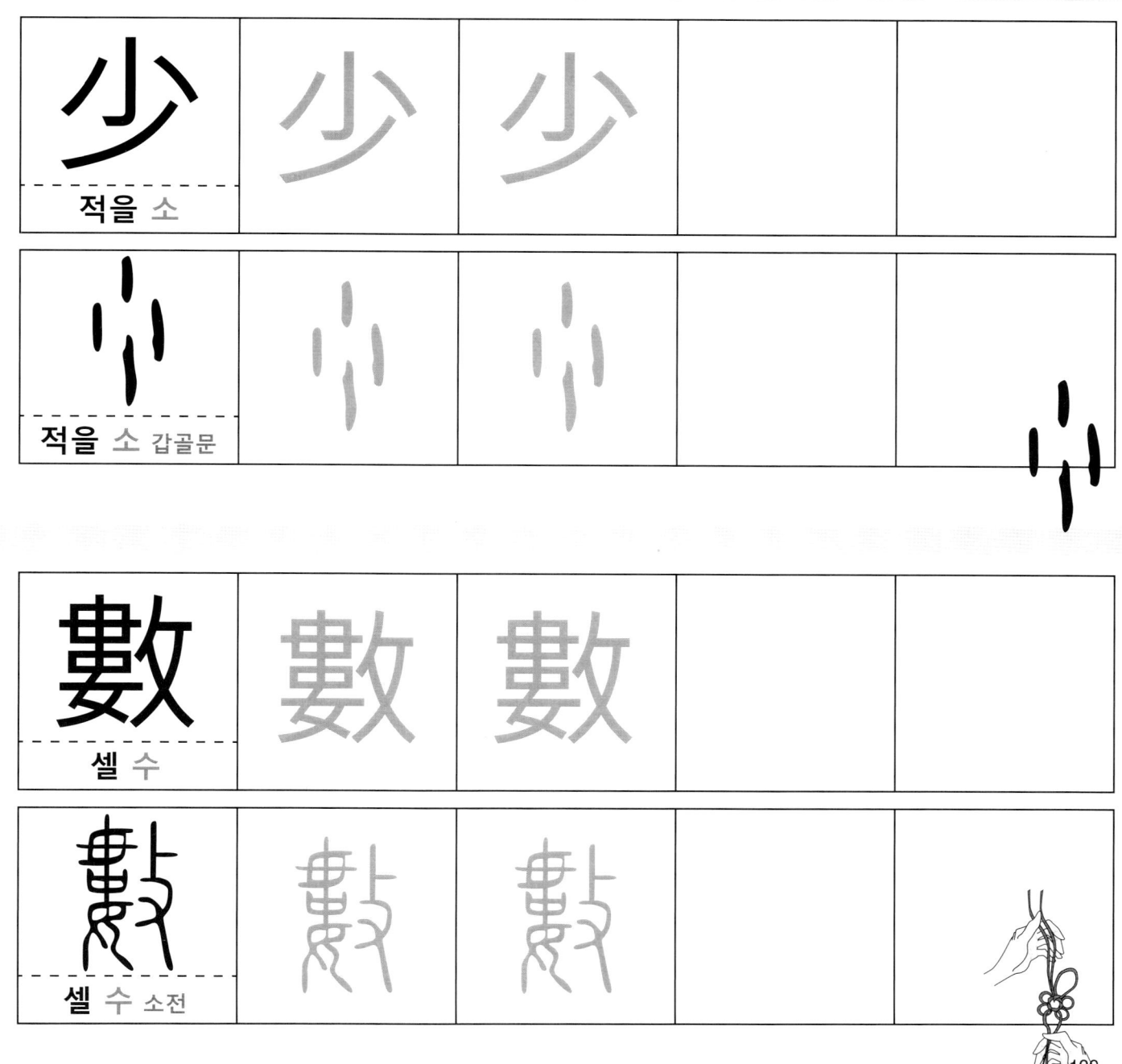

手	手	手		
손 수				

ψ	ψ	ψ		
손 수 금문				

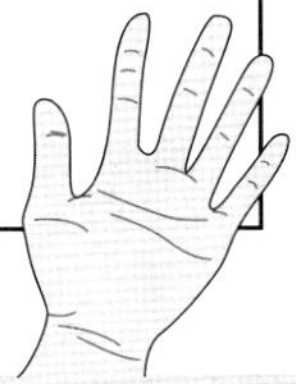

時	時	時		
때 시				

時	時	時		
때 시 소전				

134

市	市	市		
저자 시				

㡀	㡀	㡀		
 저자 시 금문		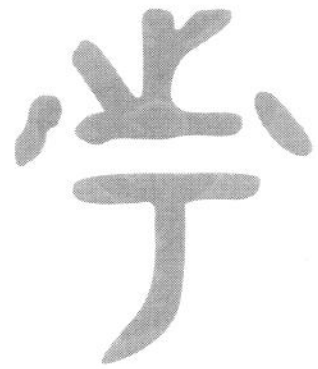		

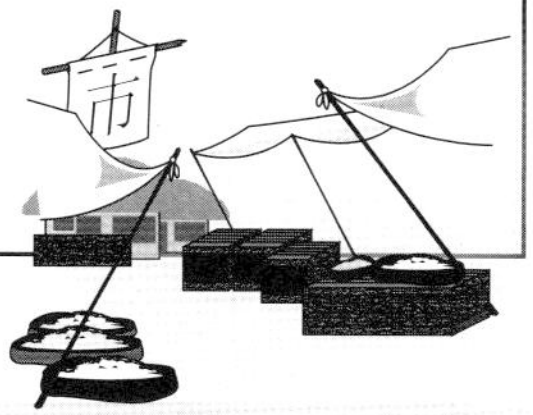

食	食	食		
밥 식				

🐟	🐟	🐟		
밥 식 갑골문				

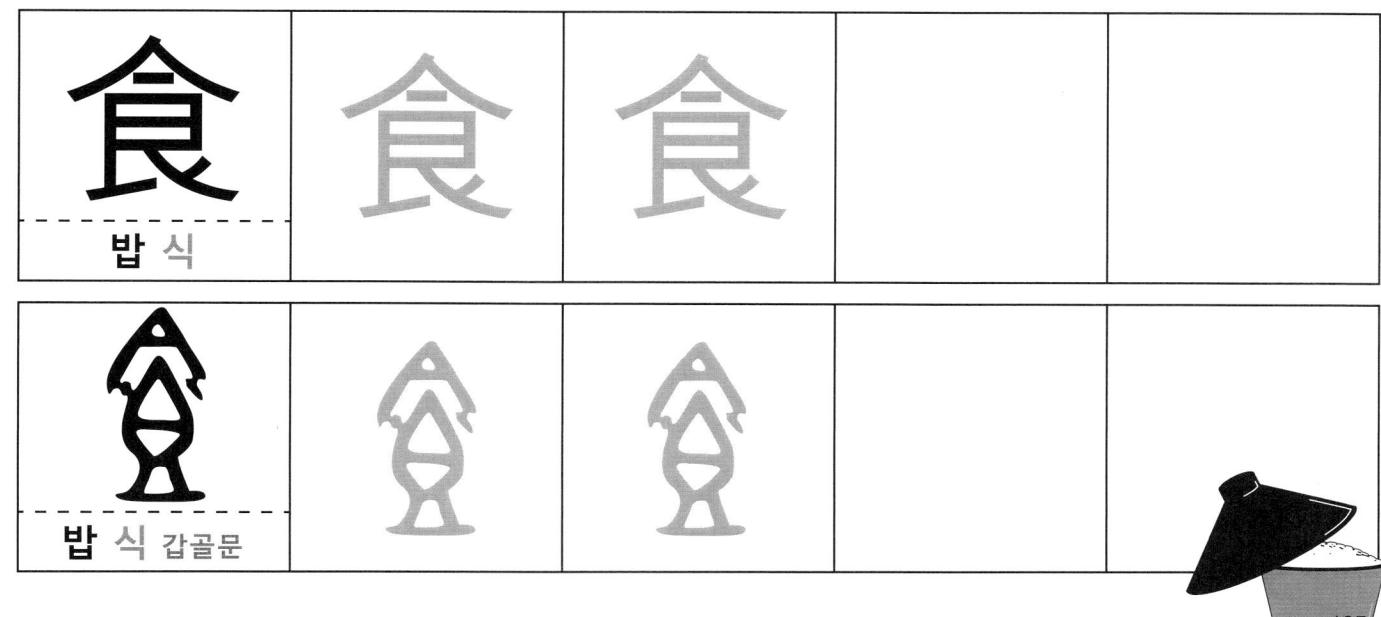

植	植	植		
심을 식				

植	植	植		
심을 식 소전				

心	心	心		
마음 심				

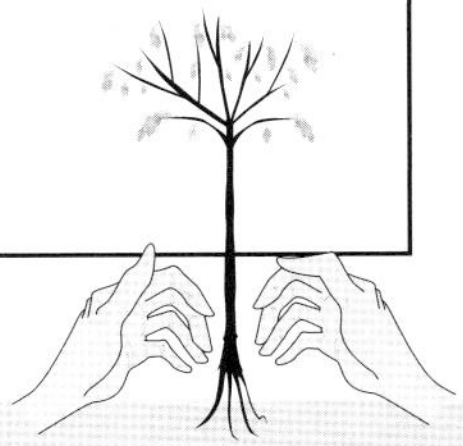

心	心	心		
마음 심 갑골문				

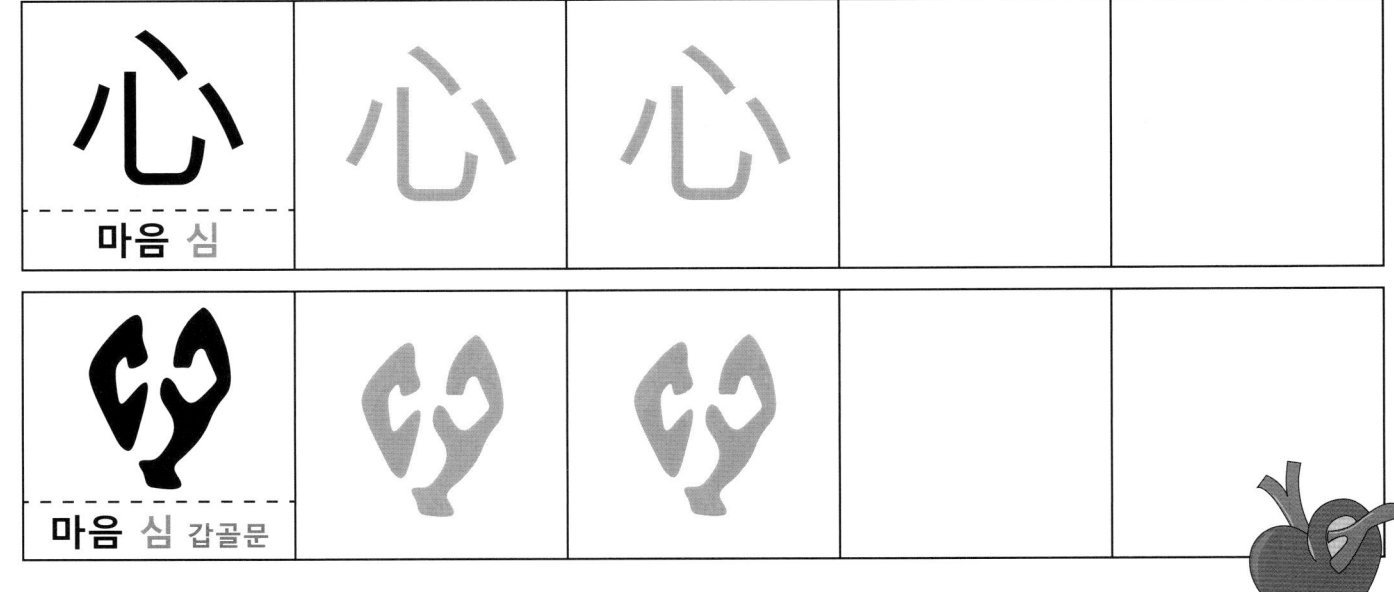

右	右	右		
오른쪽 우				

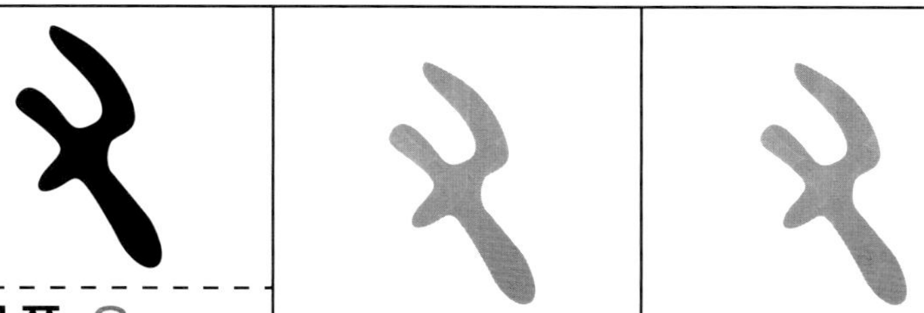

오른쪽 우 갑골문

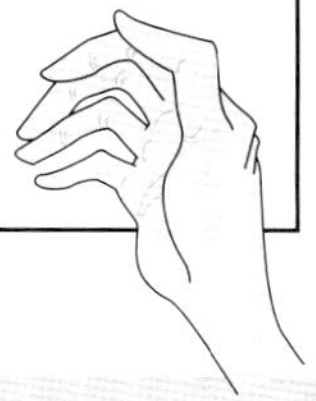

有	有	有		
있을 유				

있을 유 금문

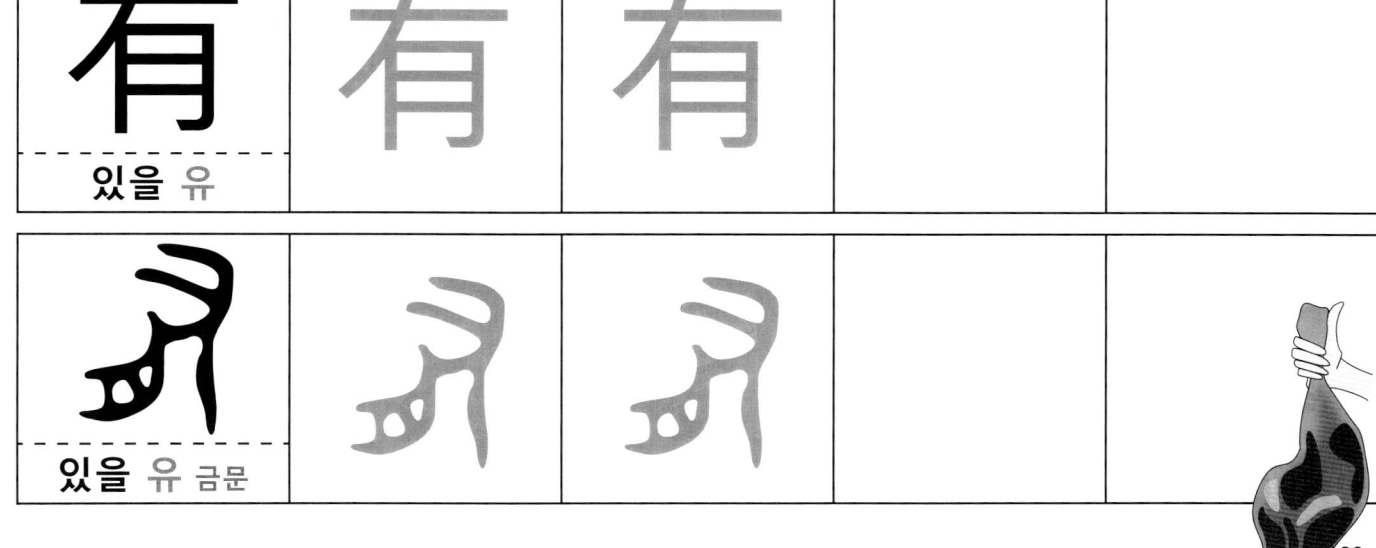

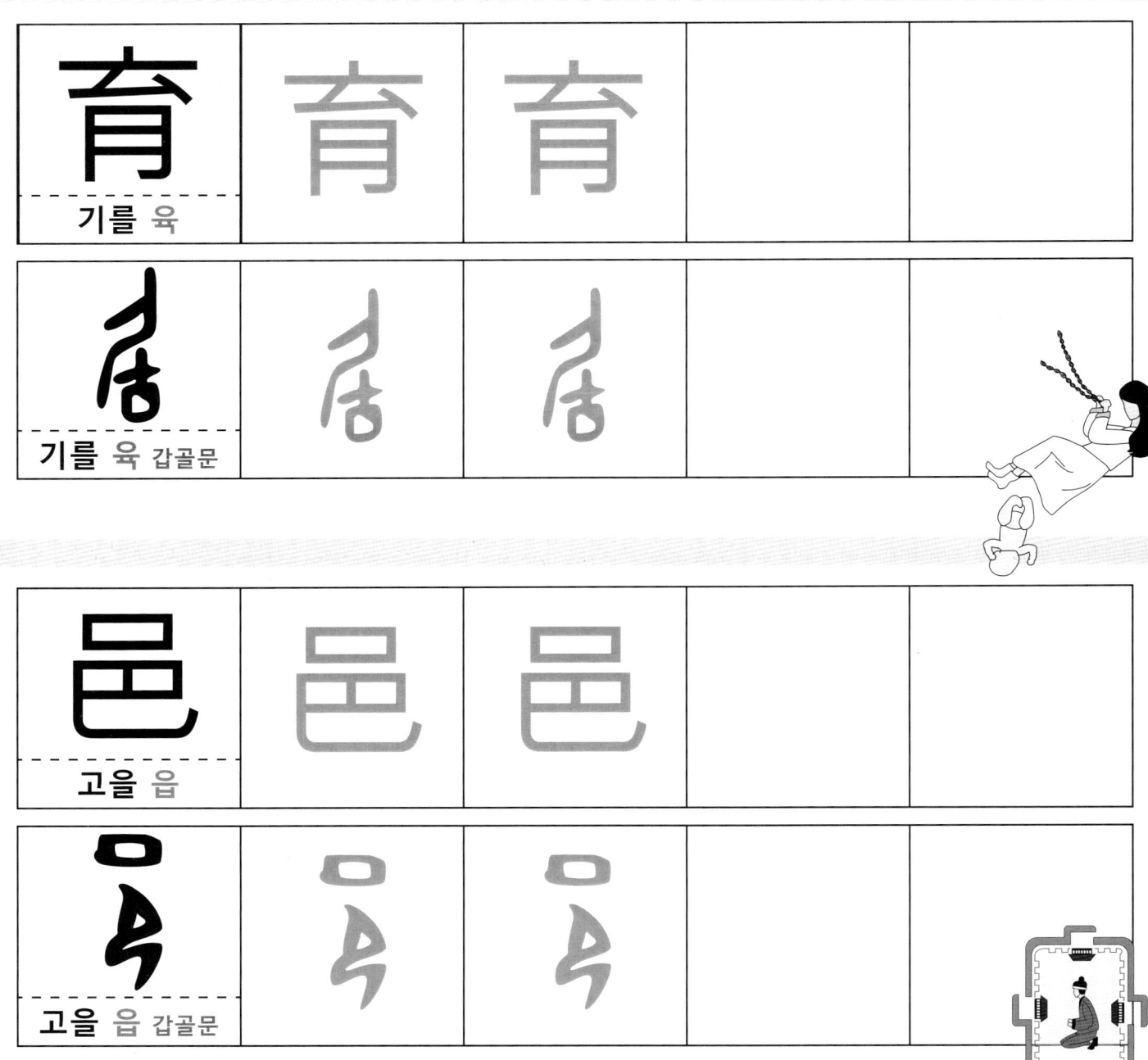

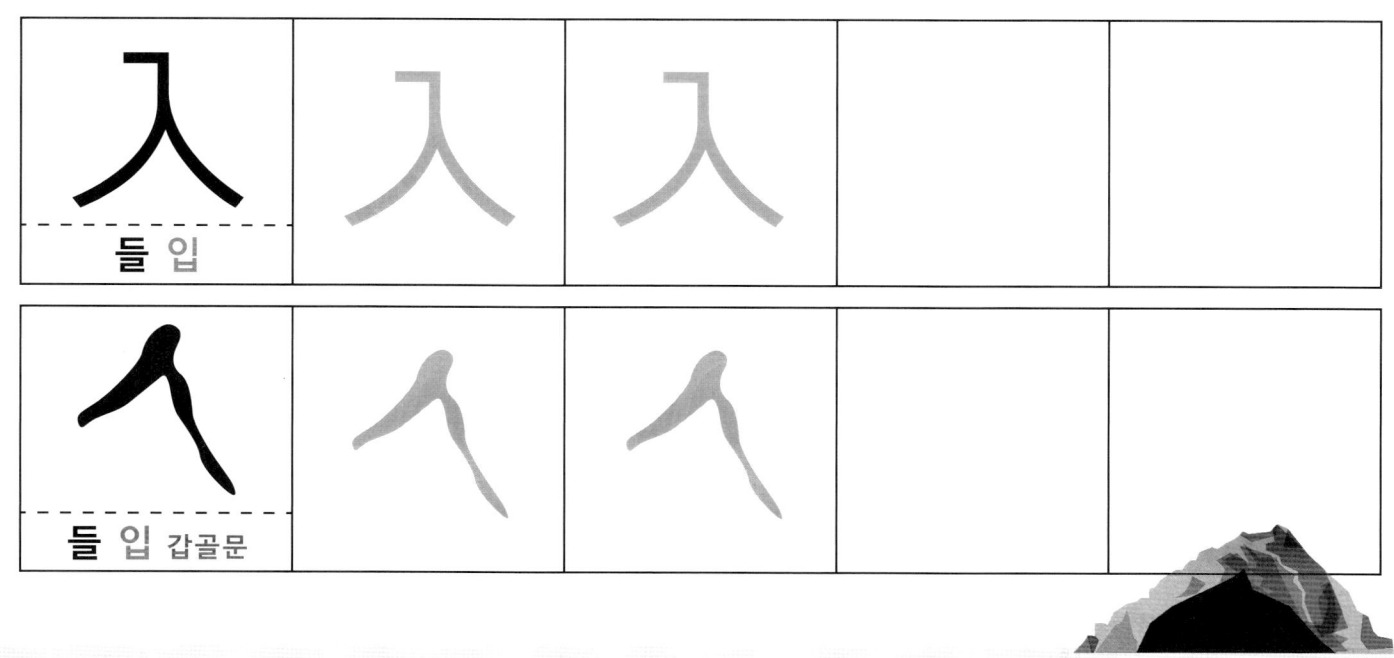

入 들입

入 들입 갑골문

字 글자 자

字 글자 자 금문

子	子	子		
아들 자				

㺇	㺇	㺇		
 아들 자 갑골문	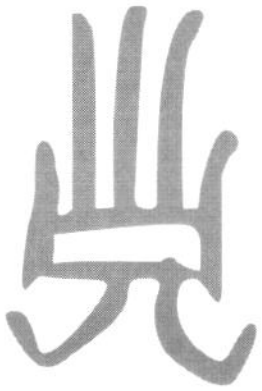	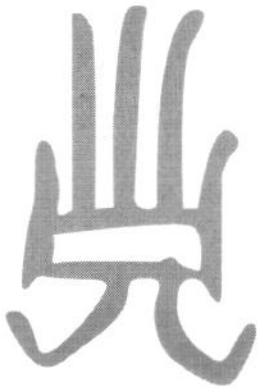		

自	自	自		
스스로 자				

自	自	自		
스스로 자 갑골문				

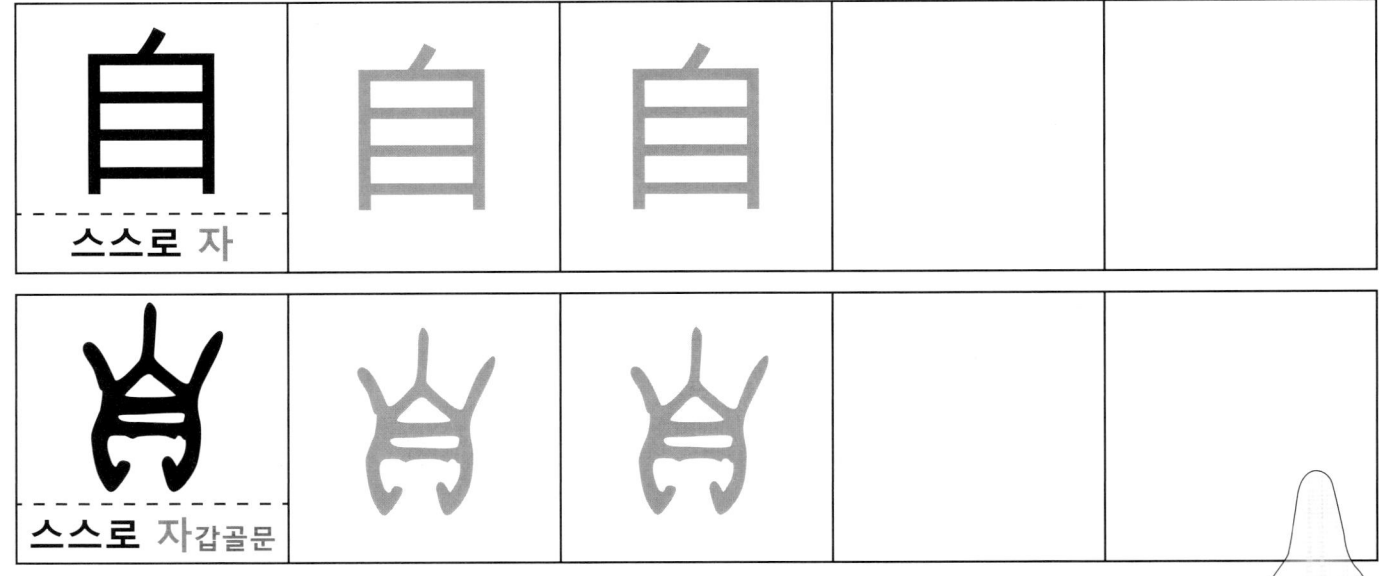

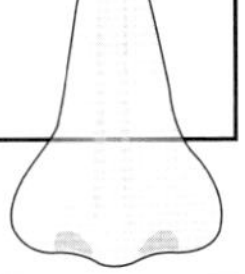

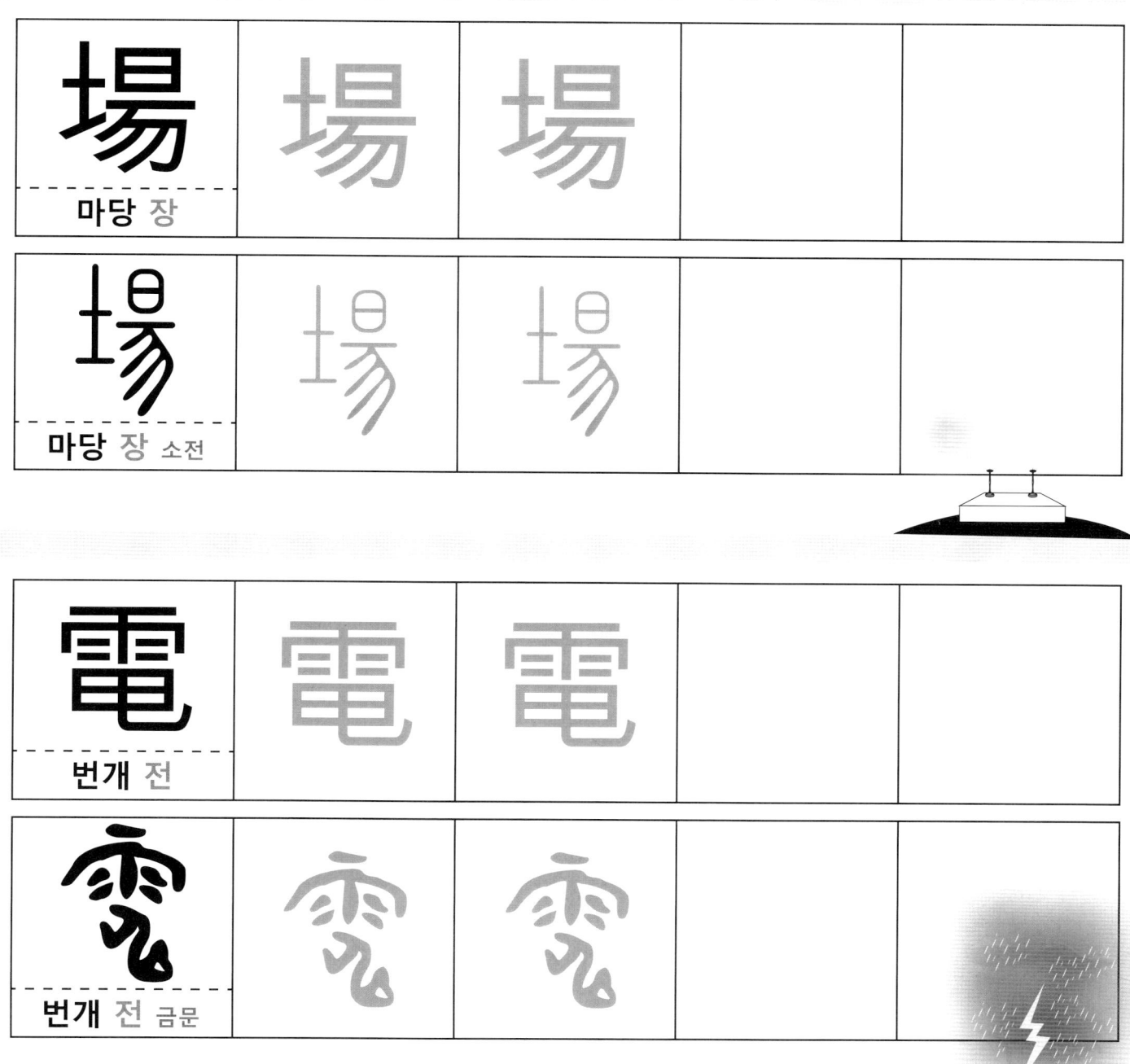

場
마당 장

場
마당 장 소전

電
번개 전

電
번개 전 금문

前	前	前		
앞 전				

| 앞 전 갑골문 | | | | |

全	全	全		
완전할 전				

仝	仝	仝		
완전할 전 소전				

正	正	正		
바를 정				

𧾷	𧾷	𧾷		
 바를 정 갑골문				

祖	祖	祖		
조상 조				

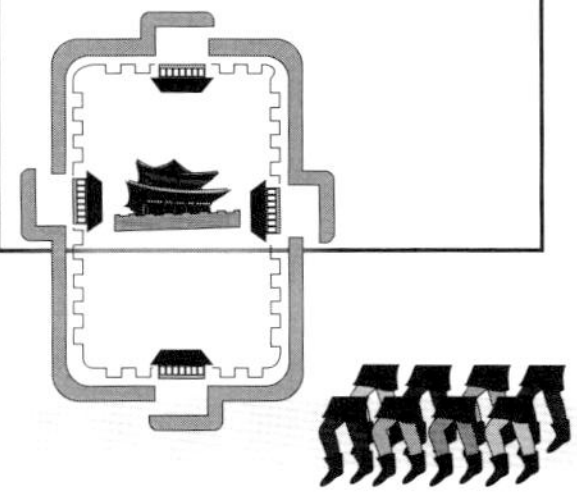

且	且	且		
조상 조 갑골문				

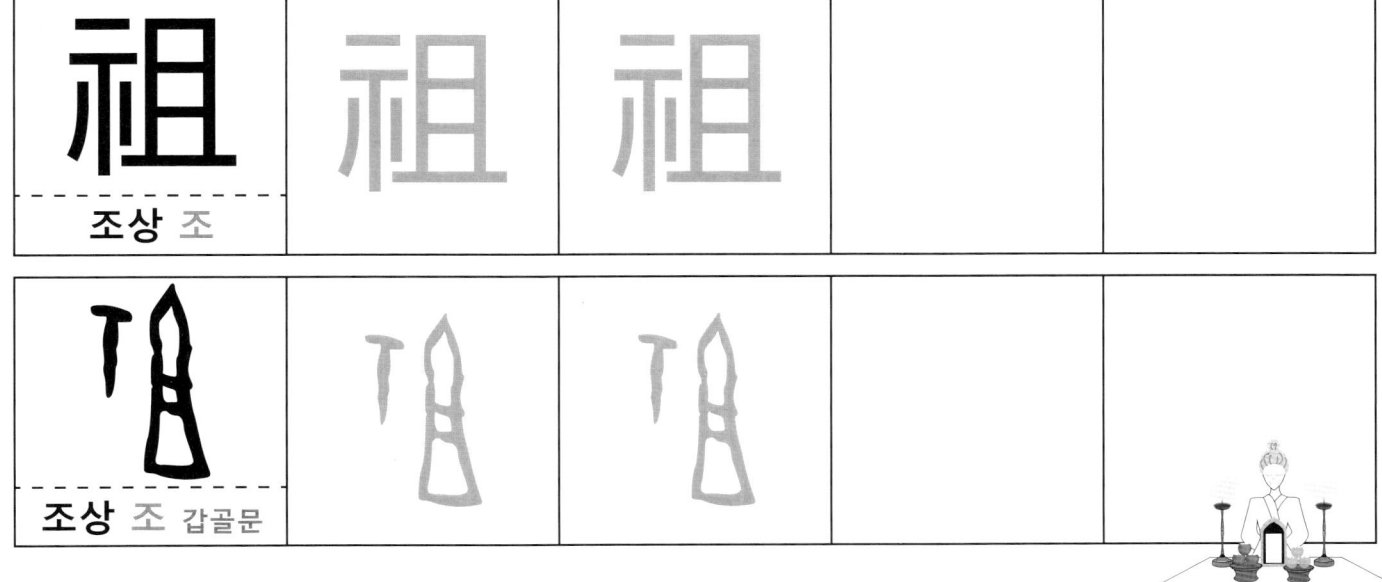

145

足	足	足		
발 족				

발 족 갑골문				

左	左	左		
왼 좌				

왼 좌 갑골문				

住	住	住		
살 주				

𗥏	𗥏	𗥏		
살 주 소전				

主	主	主		
주인 주				

ᙏ	ᙏ	ᙏ		
주인 주 갑골문				

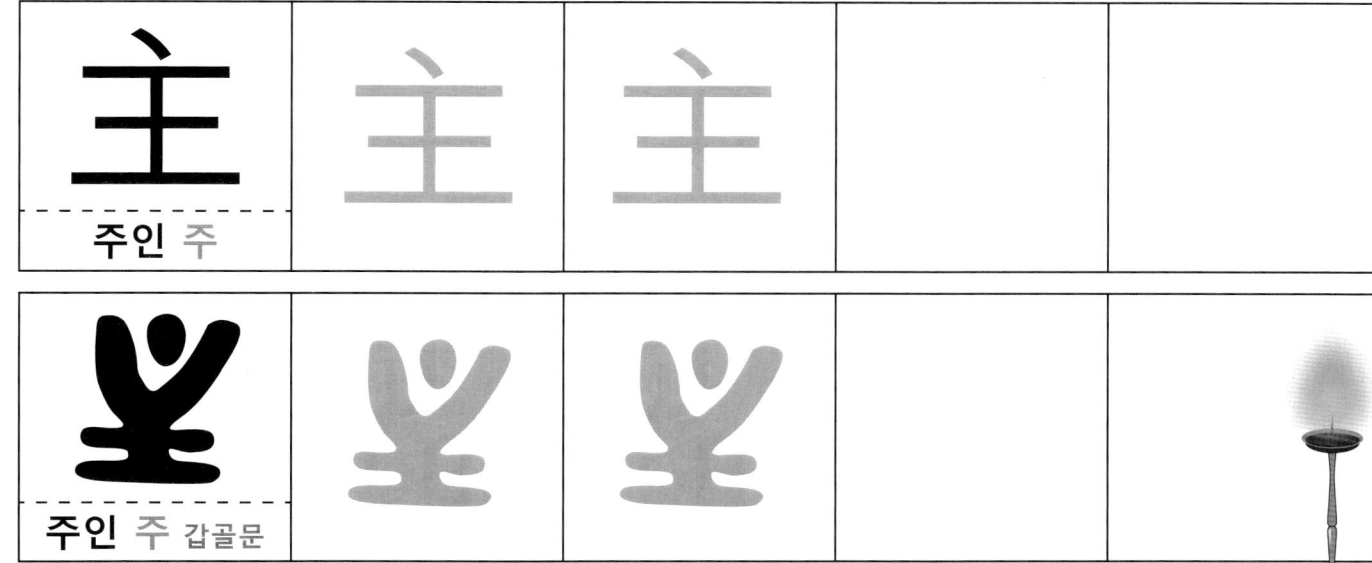

重	重	重		
무거울 중				

東	東	東		
무거울 중 금문				

地	地	地		
땅 지				

坔	坔	坔		
땅 지 간독문				

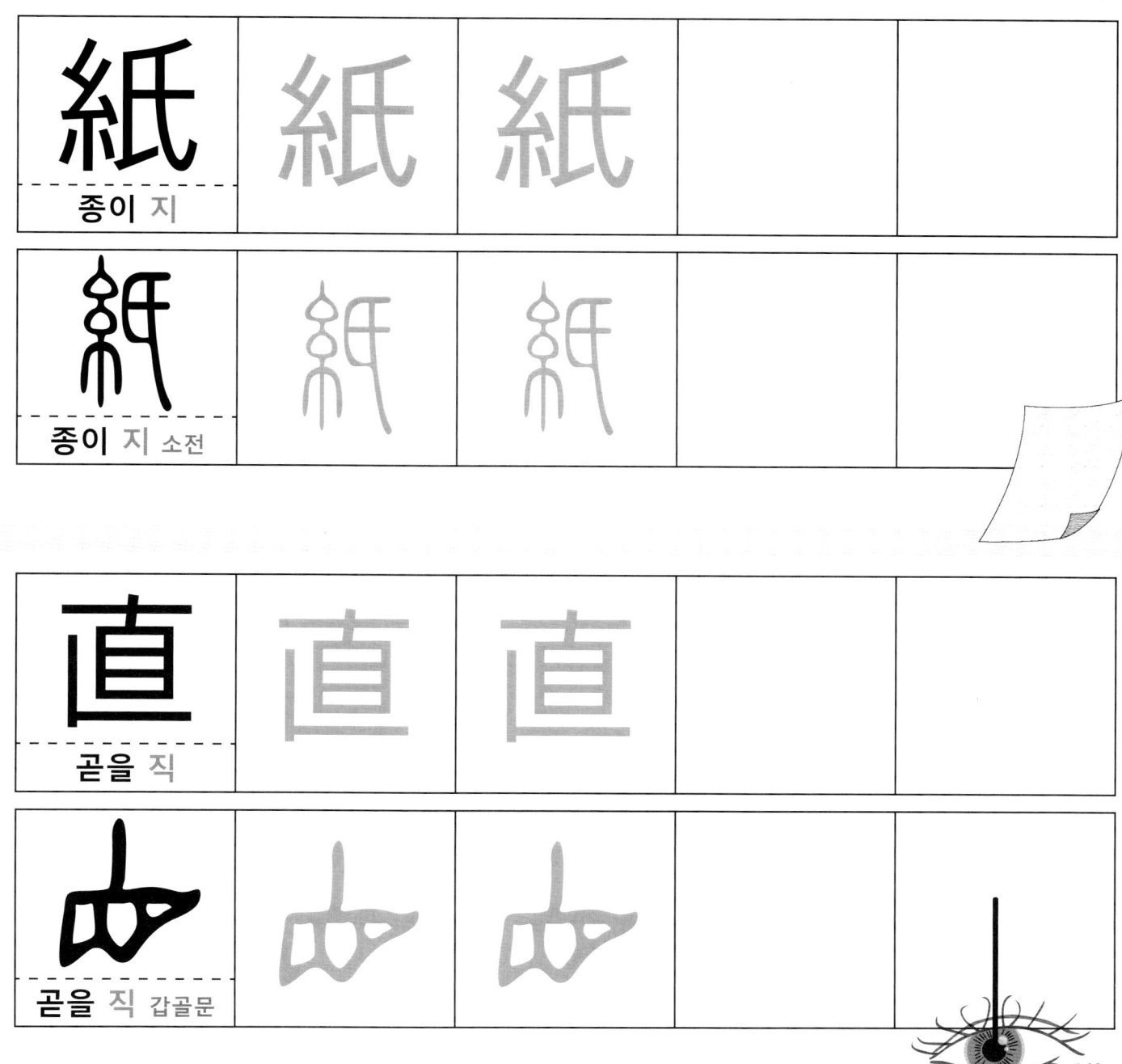

川	川	川		
내 천				

|  내 천 갑골문 | | | | |

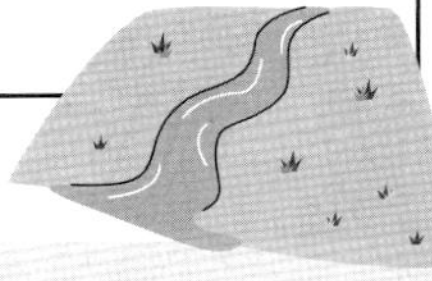

千	千	千		
일천 천				

|  일천 천 갑골문 | | | | |

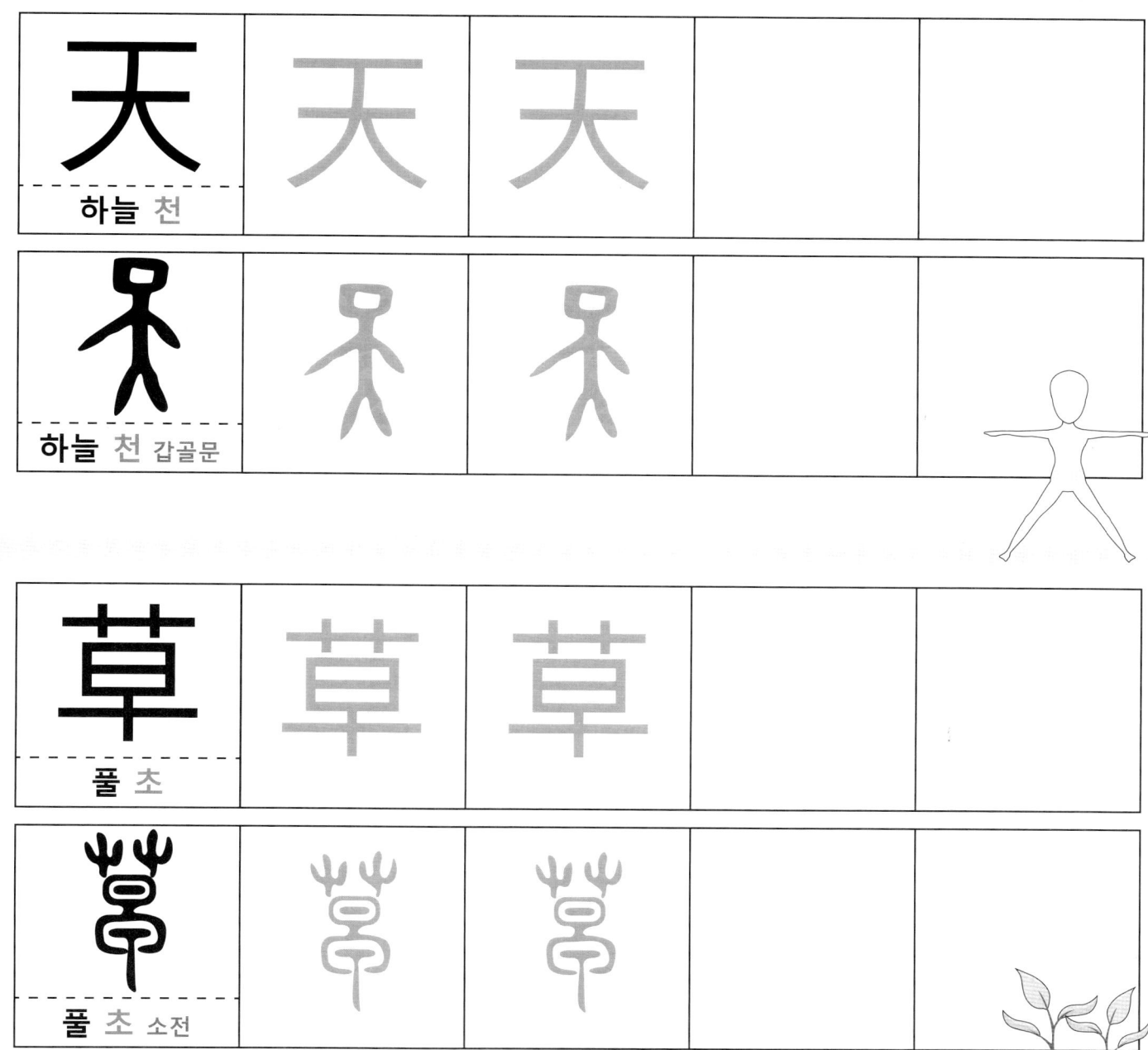

村	村	村		
마을 촌				

𣓠	𣓠	𣓠		
마을 촌 소전				

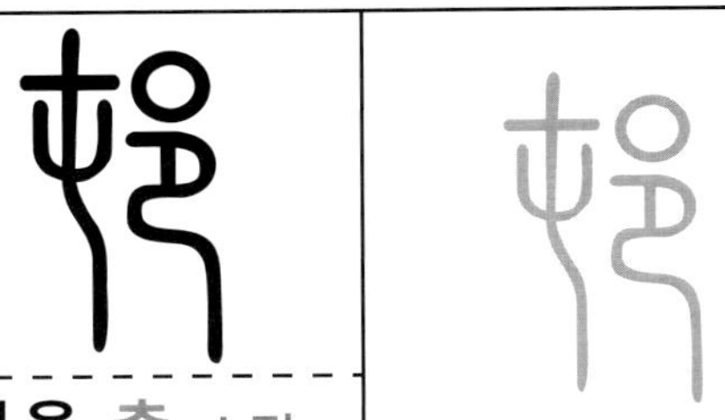

秋	秋	秋		
가을 추				

龜	龜	龜		
가을 추 갑골문				

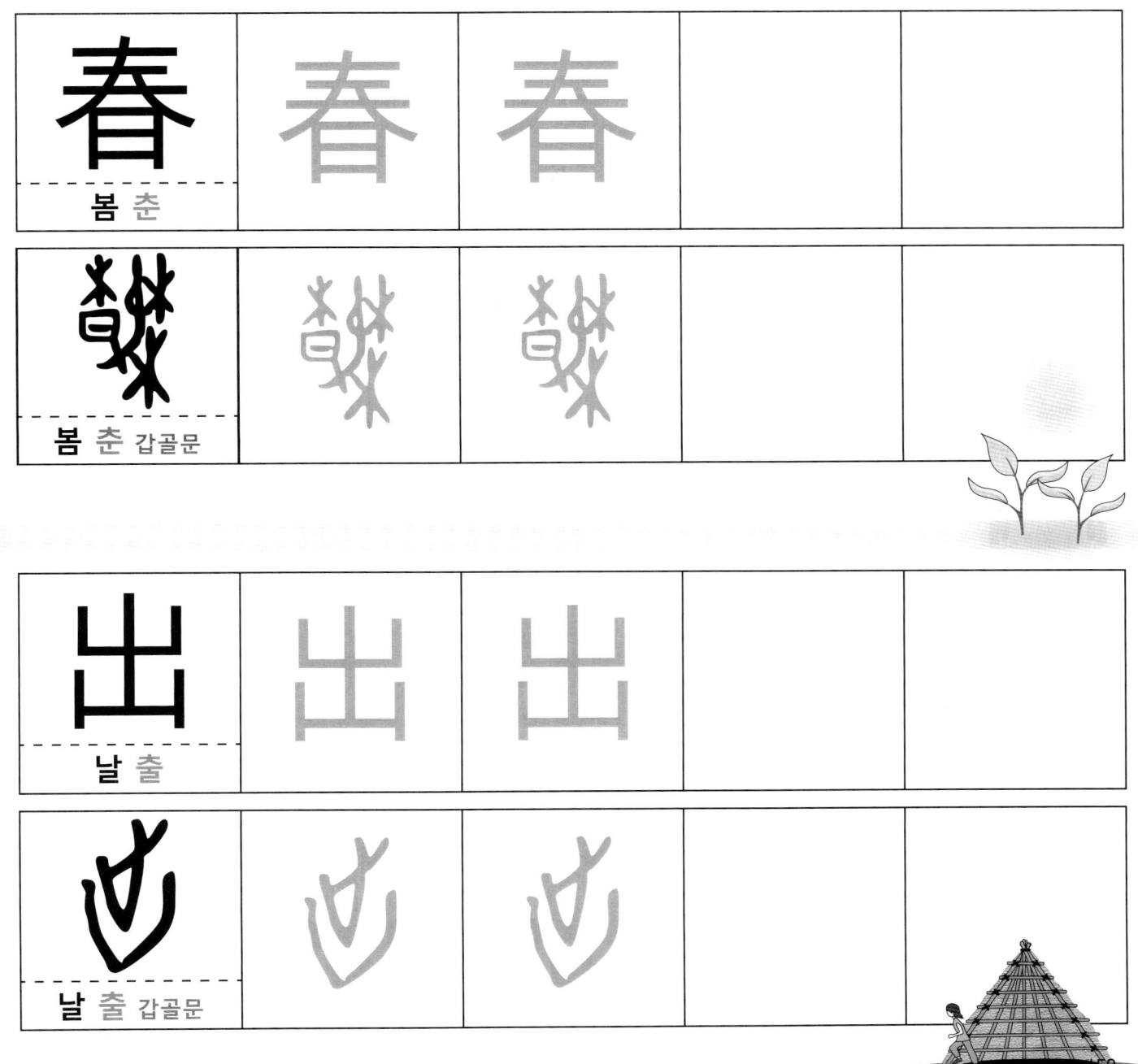

下	下	下		
아래 하				

⌒	⌒	⌒		
 아래 하 갑골문				

夏	夏	夏		
여름 하				

夏(금문)				
여름 하 금문				

漢	漢	漢		
한수 한				

(금문)				
한수 한 금문				

海	海	海		
바다 해				

(금문)				
바다 해 금문				

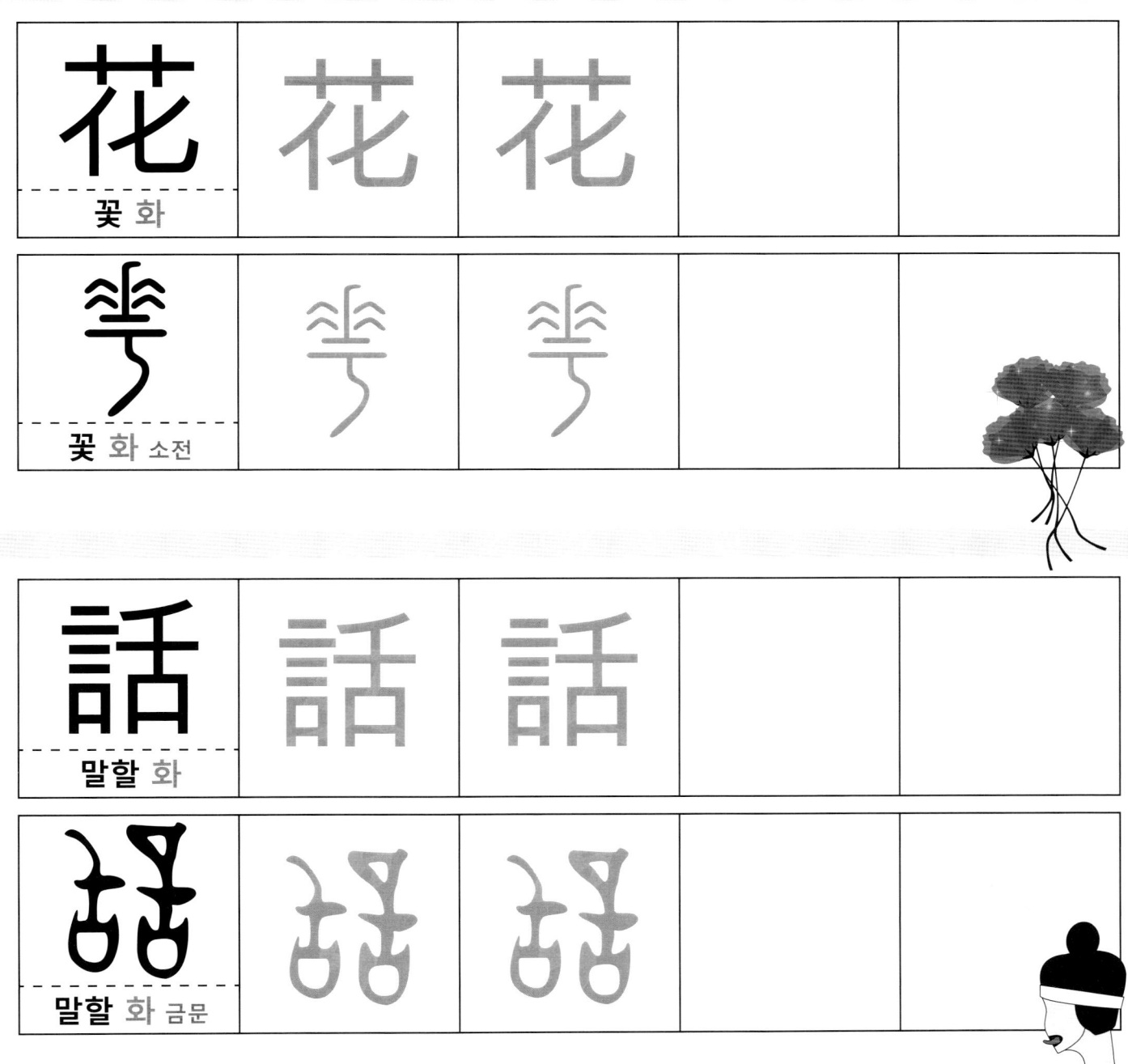

活	活	活		
살 활				

(소전)				
살 활 소전				

孝	孝	孝		
효도 효				

(갑골문)				
효도 효 갑골문				

後
뒤 후

後
뒤 후 금문

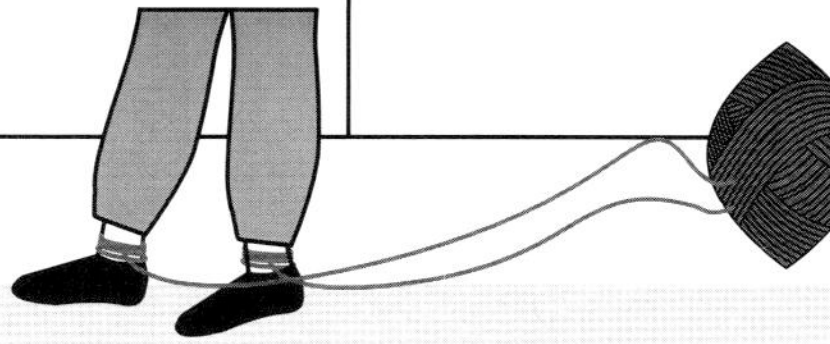

休
쉴 휴

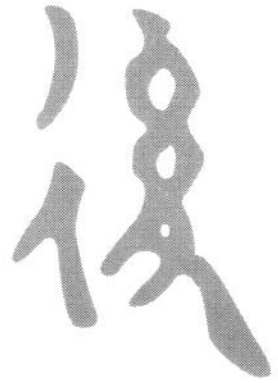

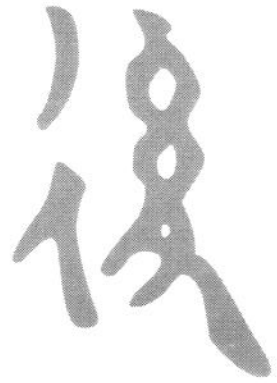

休
쉴 휴 갑골문

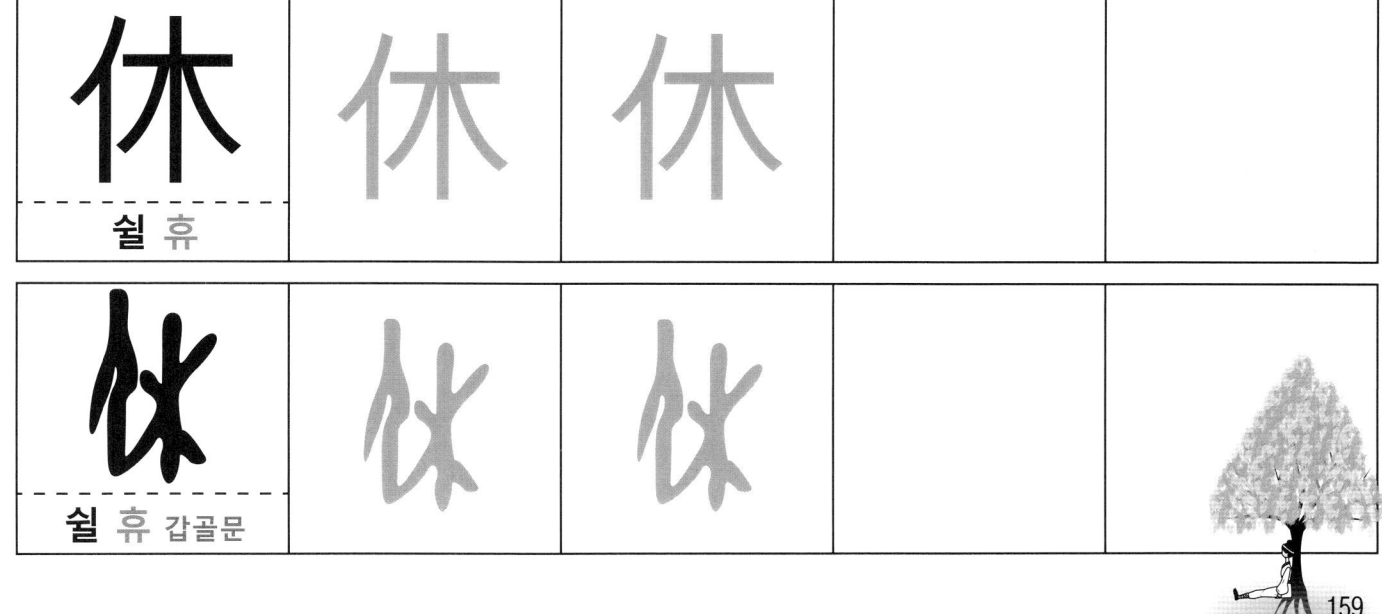

그림책 급수한자 7급

초판 1쇄 인쇄 2021년 12월 07일
초판 1쇄 발행 2021년 12월 07일

저자 김화영
그림 이예지
감수 하영삼
펴낸이 정혜정
펴낸곳 도서출판3
표지디자인 김소연

출판등록 2013년 7월 4일 (제2020-000015호)
주소 부산광역시 금정구 중앙대로 1929번길 48
인쇄 호성피앤피
전화 070-7737-6738
팩스 051-751-6738
전자우편 3publication@gmail.com

ISBN: 979-11-87746-62-1 (77710)

이 책은 저작권법에 의하여 보호를 받는 저작물이므로 무단 전재와 복제를 금합니다.

잘못된 책은 구입처에서 교환해 드립니다. 가격은 겉표지에 표시되어 있습니다.